Unterrichtsmodell

Germanische und deutsche Sagen

erarbeitet von Widar Lehnemann

herausgegeben von Johannes Diekhans

Best.-Nr. 22337 2

Verlag Ferdinand Schöningh

EINFACH DEUTSCH

Inhaltsverzeichnis

Arbeitsfrage

Einzelarbeit

Partnerarbeit

Gruppenarbeit

Unterrichts-
gespräch

Schreibauftrag

Szenisches Spiel

Mal- und
Zeichenauftrag

Bastelauftrag

Projektorientierung,
offenes
Unterrichtsangebot

Vorwort

Der vorliegende Band ist Teil einer Reihe, die Lehrerinnen und Lehrern erprobte und an den Bedürfnissen der Schulpraxis orientierte Unterrichtsmodelle zu ausgewählten Ganzschriften und weiteren relevanten Themen des Faches Deutsch bietet.
Im Mittelpunkt der Modelle stehen Bausteine, die jeweils thematische Schwerpunkte mit entsprechenden Untergliederungen beinhalten.
In übersichtlich gestalteter Form erhält der Benutzer/die Benutzerin zunächst einen Überblick zu den im Modell ausführlich behandelten Bausteinen.

Es folgen:

- Hinweise zu den Handlungsträgern
- Zusammenfassung des Inhalts und der Handlungsstruktur
- Vorüberlegungen zum Einsatz des Buches im Unterricht
- Hinweise zur Konzeption des Modells
- Ausführliche Darstellung der einzelnen Bausteine
- Zusatzmaterialien

Ein besonderes Merkmal der Unterrichtsmodelle ist die Praxisorientierung. Enthalten sind kopierfähige Arbeitsblätter, Vorschläge für Klassen- und Kursarbeiten, Tafelbilder, konkrete Arbeitsaufträge, Projektvorschläge. Handlungsorientierte Methoden sind in gleicher Weise berücksichtigt wie eher traditionelle Verfahren der Texterschließung und -bearbeitung.
Das Bausteinprinzip ermöglicht es dabei den Benutzern, Unterrichtsreihen in unterschiedlicher Weise und mit unterschiedlichen thematischen Akzentuierungen zu konzipieren. Auf diese Weise erleichtern die Modelle die Unterrichtsvorbereitung und tragen zu einer Entlastung der Benutzer bei.

Das vorliegende Modell bezieht sich auf folgende Textausgabe: Germanische und deutsche Sagen. Paderborn: Verlag Ferdinand Schöningh 1999, Best. Nr.: 22310-0.

Website
www.schoeningh.de

E-Mail
info@schoeningh.de

Gedruckt auf umweltfreundlichem chlorfrei gebleichtem Papier mit 50% Altpapieranteil.

(Verlag Ferdinand Schöningh, Jühenplatz 1, 33098 Paderborn)

Printed in Germany. Gesamtherstellung Ferdinand Schöningh, Paderborn.

Druck 5 4 3 2 1 Jahr 05 04 03 02 01

ISBN 3-506-22337-2

Dieses Werk folgt der reformierten Rechtschreibung und Zeichensetzung. Ausnahmen bilden Texte, bei denen künstlerische, philologische oder lizenzrechtliche Gründe einer Änderung entgegenstehen.

Unterrichtsmodell

„Germanische und deutsche Sagen“

Baustein 1 – Göttersagen (S. 10–19 im Modell)

1.1	Von der Welt Anfang	S. 5–7	Arbeitsblatt 1, Malauftrag, Schreibauftrag, Ratespiel, Folientext
1.2	Wie Thor seinen Hammer wiederholte	S. 7–9	Schreibauftrag, Malauftrag, Textarbeit, Tafelbild, Regiebuch
1.3	Baldurs Tod	S. 9–12	Textarbeit, Schreibauftrag, Malauftrag
1.4	Von der Welt Ende und Erneuerung	S. 12–13	Folientext, Textarbeit, Malauftrag, Tafelskizze, Schreibauftrag

Baustein 2 – Die Nibelungen (S. 20–35 im Modell)

2.1	Planung einer Sequenz	S. 14–50	
2.2	Siegfrieds Jugendtaten	S. 14–21	Textarbeit, Tafelskizze, Schreibaufträge, Mal- und Bastelaufträge, Folientexte, Arbeitsblatt 2, Szenisches Spiel
2.3	Siegfrieds Ruhm und Tod	S. 21–36	Schreibauftrag, Textarbeit, Tafelskizze, Szenisches Spiel, Folientext
2.4	Der Burgunder Untergang	S. 36–50 Z 1	Schreibaufträge, Malauftrag, Textarbeit, Tafelskizze, Arbeitsblatt 3
2.5	Die Nibelungen als Film	S. 51–55	Schreibauftrag

Baustein 3 – Parzival (S. 36–50 im Modell)

3.1	Leben im Mittelalter	S. 55–96 Zusatzmaterial 2	Arbeitsblatt 4, Folientext, Schreibauftrag
3.2	Parzivals Abenteuer	S. 55–66 Zusatzmaterial 3	Tafelskizze, Textarbeit, Szenisches Spiel, Schreibaufträge, Arbeitsblatt 5, Folientext
3.3.	Parzivals Weg zum Gral	S. 68–96	Schreibaufträge, Textarbeit, Arbeitsblatt 6, Malauftrag, Bastelauftrag, Projekt

Baustein 4 – Geistersagen (S. 51–58 im Modell)

4.1	Typen der Volkssage	S. 145–146	Textarbeit, Tafelskizze
4.2	Der Wasserneck	S. 97–98	Textarbeit, Tafelskizze, Szenisches Spiel, Schreibauftrag, Malauftrag
4.3	Hackelberg und Rodensteiner	S. 98–104 Zusatzmaterial 4	Textarbeit, Tafelskizze, Malauftrag, Schreibaufträge, Hörverständnis, Lektürehinweis

Baustein 5 – Historische Sagen (S. 59–79 im Modell)

5.1	Der Binger Mäuseturm	S. 104–107	Textarbeit, Tafelskizze, Schreibauftrag
5.2	Die Weiber zu Weinsperg	S. 107–108	Textarbeit, Schreibauftrag, Szenisches Spiel
5.3	Die Kinder zu Hameln	S. 108–112	Textarbeit, Tafelskizzen, Schreibaufträge, Malauftrag
5.4	Claus Störtebeker und Gödeke Michael	S. 116–121	Textarbeit, Folientext, Schreibaufträge, Malauftrag
5.5	Dr. Faustus	S. 122–144	Arbeitsblatt 7, Tafelskizzen, Textarbeit, Schreibaufträge, Arbeitsblatt 8, Folientext
5.6	Karl Simrock: Puppenspiel	Zusatzmaterial 5 S. 147–149	Textarbeit, Bastelauftrag, Projekt, Schreibauftrag

Wesen der Sage

„Das Märchen ist poetischer, die Sage historischer; jenes steht beinahe nur in sich selber fest, in seiner angeborenen Blüte und Vollendung; die Sage, von einer geringeren Mannigfaltigkeit der Farbe, hat noch das Besondere, dass sie an etwas Bekanntem und Bewusstem hafte, an einem Ort oder einem durch die Geschichte gesicherten Namen."

(Brüder Grimm, 1816)

Brüder Grimm:
Deutsche Sagen.
Bilder von
Otto Ubbeohde
(1867–1922).
Leipzig o. J.

Die Inhalte des Buches

Wie aus dem Vorwort der Textausgabe hervorgeht, steht die vorliegende Sammlung in einer bestimmten Tradition. Für die Neubearbeitung galt die Devise, Vertrautes beizubehalten und zugleich Neues zu erschließen. Das Vertraute begegnet den Schülerinnen und Schülern vor allem in den Nacherzählungen der Heldensage von den „Nibelungen" und des höfischen Epos „Parzival". Der pragmatische Sagenbegriff, der zugrunde gelegt wurde, wird in dem Beitrag „Was ist eine Sage?" von Heinrich Pleticha (S. 145–146) vertreten. Der Wert von Nacherzählungen mittelalterlicher Epen ist nicht unumstritten. Man wendet dagegen ein, dass sie das Original verändern, dass sie also keine authentischen Texte sind. Es sollte jedoch nicht übersehen werden, dass sie eine Möglichkeit darstellen, eine interessierte Leserschaft mit Stoffen vertraut zu machen, die ihr in den Originalwerken noch nicht zugänglich sind. Sie bilden damit einen Bestandteil der „Kinder- und Jugendliteratur". In diese Rubrik gehören auch die entsprechenden Fassungen von Werken wie Defoes „Robinson Crusoe" und Swifts „Gullivers Reisen", um nur diese Beispiele zu nennen.

Authentische Sagentexte werden mit den neu aufgenommenen Volkssagen angeboten.

Die vorliegende Sagensammlung enthält Darstellungen germanischer Glaubensvorstellungen, der Welt des mittelalterlichen Rittertums, der Nachwirkung älterer numinoser Vorstellungen und historischer Begebenheiten sowie historischer bzw. quasi-historischer Figuren auf der Wende vom Mittelalter zur frühen Neuzeit.

Göttersagen: Die Texte, die auf altisländischer Überlieferung basieren, erzählen – als „Mythen" – vom Anfang und vom Ende der Welt sowie von den Taten der Götter.

Die Nibelungen: Siegfried ist wohl die bekannteste Gestalt der deutschen Heldensage. Da er zum Opfer von Verrat und Meuchelmord wurde, ist er als jugendlicher Held in Erinnerung geblieben. Die „Nibelungentreue", mit der seine Schwäger zu seinem Mörder standen, hat in der Aktualisierung durch Reichskanzler von Bülow (Rede im Jahre 1909) traurige Berühmtheit erlangt. Und Peter Wapnewski fragt: „Ob Deutschlands Kaiser Wilhelm II. wusste, was er tat, als er 1914 die ‚Nibelungentreue' beschwor?" (Die ZEIT-Bibliothek der 100 Bücher, hrsg. von Fritz J. Raddatz. 1980. S. 55).

Insofern das Geschehen das Prinzip der Blutrache ad absurdum führt, enthält es eine Botschaft, die nicht in Vergessenheit geraten darf.

„Parzival": Das höfische Epos Wolframs von Eschenbach basiert auf der Darstellung des französischen Epikers Chrestien de Troyes. Der Weg des Titelhelden führt, wie schon sein Name besagt, „durch das Tal", mit dem die Welt gemeint ist, zu dem Ziel, das für ihn vorbestimmt ist.

Die *Geistersagen* zeugen vom Einbruch einer anderen Wirklichkeit – des Numinosen – in unsere Welt. Sie können als Entfaltung der personifizierten Elemente Wasser und Wind begriffen werden und stellen Nachwirkungen altgermanischer Glaubensvorstellungen dar. Die historischen Sagen sind als Versuche von Menschen anzusehen, Relikte der Vergangenheit zu deuten und tradierte Ereignisse zu objektivieren. Die Geschichten, die von *Claus Störtebeker* und von *Dr. Faust* erzählt werden, rücken Gestalten in den Blick, die aufgrund ihres Lebens Anlass zu Erzähltraditionen geworden sind.

Vorüberlegungen zum Einsatz des Buches im Unterricht

„Sage und Legende haben es schwer, einen begründbaren Raum im Deutschunterricht zu bekommen. Sie erscheinen vielfach als ‚Instrumente einer irrationalen Erziehungsideologie' (Ch. Bürger), mit der Absicht zu moralisieren, zu missionieren und zu disziplinieren. Eine Sprach- und Literaturdidaktik, die *historische, soziale* aber auch *emotionale* Aspekte nicht übersieht, wird allerdings auch Volkssagen und Legenden nicht beiseite lassen dürfen. Für die *Kunst- und Kulturgeschichte* ist zudem die Kenntnis legendärer Darstellungen eine unerlässliche Voraussetzung für das Verständnis vieler Werke und Verhaltensweisen älterer Zeiten" (Märchen, Sage, Legende. In: Karl Stocker, Taschenlexikon der Literatur- und Sprachdidaktik. 1976, S. 305f.).

Sagen treten mit dem Anspruch auf, historische Wirklichkeit zu vermitteln. Das gehört zu ihrem Wesen und unterscheidet sie vom Märchen. Obwohl diese Eigenart nur zum Zeitpunkt ihrer Entstehung und für die Phase ihrer Überlieferung gilt, in der sie „lebendig" ist, hat die Sage auch für „moderne" Menschen Bedeutung. Was in dem Zitat anklingt, lässt sich im Einzelnen darlegen und ergänzen.

- Die Schülerinnen und Schüler, an die sich diese Sammlung wendet, lernen durch die Texte Stoffe und Motive kennen, die zu den Voraussetzungen für spätere Leseerfahrungen gehören.
- Darüber hinaus erhält ihre Vorstellungskraft durch die Vermittlung zeitlich ferner Wirklichkeiten wichtige Anregungen.
- In den Nacherzählungen umfangreicher Stoffe lernen sie das Kompositionsprinzip der Episodenreihung, in den Volkssagen das einer einfachen Form kennen.
- Schließlich wird ihnen exemplarisch deutlich, dass man mit Aussicht auf Erfolg versuchen kann, Relikten, die aus früherer Zeit in unsere Gegenwart hineinreichen, „auf den Grund" zu gehen. Das gilt für die Namen der Wochentage ebenso wie für eine Ruine.
- Diese Überlegungen sind durch einen „existenziellen" Aspekt zu ergänzen: Die Texte der Sammlung bieten den heutigen Lesern ein Identifikationspotenzial an. Sie ermöglichen ihnen die Identifikation mit Figuren, die ihre eigenen Probleme erfahren, das Heranwachsen, Liebe, Irrtum, Leid ..., allerdings unter völlig anderen geschichtlichen Voraussetzungen. Aber gerade deshalb, weil die Figuren der Sagen menschliche Probleme auf andere Weise erleben und lösen, dürfen sie mit dem Interesse heutiger Leser rechnen: Wie haben sie gelebt, wie lebe ich? Wodurch wurde ihr Leben bestimmt, wodurch wird mein Leben bestimmt?

Es gibt verschiedene Möglichkeiten, das Buch im Unterricht (vor allem der Klassen 5 bis 7) einzusetzen. Da Schülerinnen und Schüler dieser Altersstufe gern etwas hervorbringen und auf ein Angebot „kreativ" reagieren, sollte neben die Erarbeitung der Texte auch und vor allem ihre Verarbeitung treten. Hier ist an Nacherzählung aus veränderter Perspektive und an szenische Gestaltung, aber auch an bildliche Darstellung und die Anfertigung von Modellen (Burg, Stadt ...) zu denken.

Das Buch sollte nicht en bloc behandelt werden. Es empfiehlt sich vielmehr über einen längeren Zeitraum verteilt die in sich geschlossenen Teile dann einzufügen, wenn bestimmte Punkte des Lehrplans abgeschlossen sind. Damit ist eine Voraussetzung dafür gegeben, dass der spezifische Charakter der unterschiedlichen Sagen zur Entfaltung kommen kann. Die Sammlung eignet sich auch als Freizeitlektüre der Schüler und Schülerinnen.

Für Klassenarbeiten bieten sich vor allem folgende Typen von Aufgaben an:

- Das Erzählen einer Episode aus veränderter Perspektive. Beispiel: Parzival berichtet, wie er Ither überwand.
- Die Fortführung einer Geschichte. Beispiel: Störtebeker befindet sich auf der Insel Neuwerk. Plötzlich erkennt er, dass er im Turm eingeschlossen ist ...
- Das Erfinden einer neuen Episode. Beispiel: Dr. Faust als Zauberer. Thema: Wie er einmal .../Wie ich einmal ...
- Das Verfassen einer Sage zu einem Ereignis oder einem auffälligen Naturphänomen im geografischen Umfeld der Schülerinnen und Schüler (s. auch Textausgabe S. 147–149).

Konzeption des Unterrichtsmodells

Das Unterrichtsmodell folgt in seinem Aufbau der Anordnung der Texte. Dadurch wird die Abfolge ihrer Behandlung im Unterricht aber keineswegs zwingend vorgeschrieben. Sie ist variabel. Der Einstieg sollte von der Interessenlage der Klasse abhängig gemacht werden. Zu diesem Zweck empfiehlt es sich, von einem ersten Eindruck der jungen Leserinnen und Leser auszugehen. Vermutlich werden sich einige Gruppen herausbilden, die sich an bestimmten Sagen „festgelesen“ haben.

Die Kenntnis der hier vermittelten Stoffe ist nicht mehr generell vorauszusetzen. Wie stark aber das Interesse von Kindern, Jugendlichen und Erwachsenen an Texten der „Vorzeit“ ist, und sei es einer „poetischen“, lassen Bestseller, Fantasy-Filme und Musicals erkennen, die das Geschehen um den Gral thematisieren, sowie der Erfolg der Hobbit-Presse, die das Werk von John Ronald Reuel Tolkien (1892–1973) herausbringt.

Baustein 1 stellt germanische Göttersagen vor. Eingerahmt von Schilderungen über Anfang und Ende der Welt (Text 1 und 4) werden zwei mythische Figuren vorgestellt: Thor und Baldur. Diese Sequenz ist für eine Klasse 5 geeignet und wird dort vermutlich noch unreflektiert aufgenommen.

Baustein 2 stellt die Geschichte der „Nibelungen“ vor. Siegfrieds Jugendtaten und sein Tod sowie der Untergang der Burgunder werden ausführlich dargeboten und durch altersangemessene Aufgaben erschlossen. Auf eine Filmversion wird durch Abbildungen hingewiesen.

Diese Sequenz ist ab Klasse 6 mit größeren Erfolgsaussichten zu behandeln als früher. Zu Beginn des Geschehens ist Siegfried ein „Knabe“, und „nach Knabenart“ (S. 16, Z. 36) kommt er oft in die Schmiede. Er könnte im Alter der Schüler gewesen sein, ein Umstand, der vielleicht zur Lesemotivierung beiträgt.

Baustein 3: Als Einstieg in „Parzival“ wird eine Besinnung auf das Alltagsleben im Mittelalter gewählt. Das Charakteristische des Werkes und seiner Zeit wird mit dem Begriff des „Rittertums“ in den Blick gerückt: Welche Abenteuer hat die Titelfigur zu bestehen? Welche Belehrung erfährt sie und welche Folgen hat das für sie? Geklärt werden die zentralen Fragen, wer König Artus ist und was es mit dem Gral auf sich hat.

Auch Parzival ist zu Anfang im Alter der Schüler. Die Behandlung empfiehlt sich für Klasse 6 und später.

Baustein 4 klärt zunächst den Begriff „Volkssage“. Die Beispiele werden den Elementarbereichen des Wassers und des Windes zugeordnet und als Nachwirken der in Baustein 1 erarbeiteten altgermanischen Glaubensvorstellungen begriffen. Diese Sagen stellen eine für Klasse 5 und 6 angemessene Lektüre dar, für die es auch heute noch Realerlebnisse (die entfesselten Elemente Sturm und Wasser) als motivierenden Bezug gibt.

Baustein 5 führt in die Welt der historischen Sage ein und bringt bekannte Beispiele. Die ersten drei (Der Binger Mäuseturm, Die Weiber zu Weinsperg, Die Kinder zu Hameln) lassen sich auch in Kooperation mit dem Fach Geschichte behandeln. Sie setzen geschichtliches Interesse voraus, vermögen es aber auch zu wecken. Die Texte, die mit der Biografie von Claus Störtebeker und Dr. Faust verbunden sind, bilden in sich geschlossene Sequenzen und treten vor einem spezifischen historischen Hintergrund in Erscheinung. Die Frage ist, ob sie diesen eher voraussetzen oder ob sie ihn aufbauen. Die Gestalt Störtebekers ist für Klasse 5 geeignet, Dr. Faust dürfte eher ab Klasse 6 oder 7 mit dem Interesse der Schülerinnen und Schüler rechnen können.

Die thematischen Bausteine des Unterrichtsmodells

Baustein 1

Göttersagen

1.1 ❐ **Von der Welt Anfang** (S. 5–7)

Göttersagen oder Mythen handeln vom Anfang und vom Ende der Welt. Sie versuchen in einer vorwissenschaftlichen Phase der Kultur die Welt und Naturerscheinungen – das, was ist – zu erklären. Das ist in Europa nicht anders als in Afrika, Asien, Australien und Amerika.

Quellen altgermanischer Glaubensvorstellungen sind mit der „Edda“ gegeben. Die „Ältere Edda“, die auch „Lieder-Edda“ genannt wird, ist eine Sammlung altnordischer Dichtung des 9. bis 12. Jahrhunderts; sie wurde im 13. Jahrhundert im bereits christianisierten Island aufgezeichnet. Eine zentrale Stellung innerhalb der Götterdichtung nimmt das 52 Strophen umfassende Gedicht „Der Seherin Gesicht“ ein (Gesicht: Vision, Schau). Es ist als „Summa mythologiae“, als Zusammenschau altgermanischen Glaubens, bezeichnet worden. Auf ihm basiert die Darstellung vom Anfang und vom Ende der Welt. In ihrer endgültigen Form scheint sie christlich beeinflusst zu sein; Baldur wird – wie Christus – wiedergeboren: „Die Wiedergeburt der neuen Baldurwelt ist erst heidnische Renaissance des 10. Jahrhunderts nach christlichem Vorbild“ (Werner Betz: Die altgermanische Religion. In: Deutsche Philologie im Aufriß. Band III, Nachdruck der 2. Auflage Berlin 1967, Sp. 1641).

Die Isländer nahmen das Christentum im Jahre 1000 an. Und so feiern sie im Jahr 2000 das Jubiläum ihrer Christianisierung mit einem Programm, das etwa 200 Veranstaltungen umfasst.

Die Schülerinnen und Schüler sollen zunächst das Kapitel „Von der Welt Anfang“ lesen (Textausgabe S. 5–7). Anschließend werden im Unterrichtsgespräch folgende Fragen thematisiert:

- ❐ *Wie stellt sich der Verfasser den Anfang der Welt vor?* (Arbeitsblatt 1)
- ❐ *Wie ist es zu erklären, dass die Germanen zu dieser Vorstellung kamen? Gibt der Bericht Antwort auf alle Fragen, die sich im Zusammenhang mit dieser Thematik stellen?*

Die Entstehung der Welt

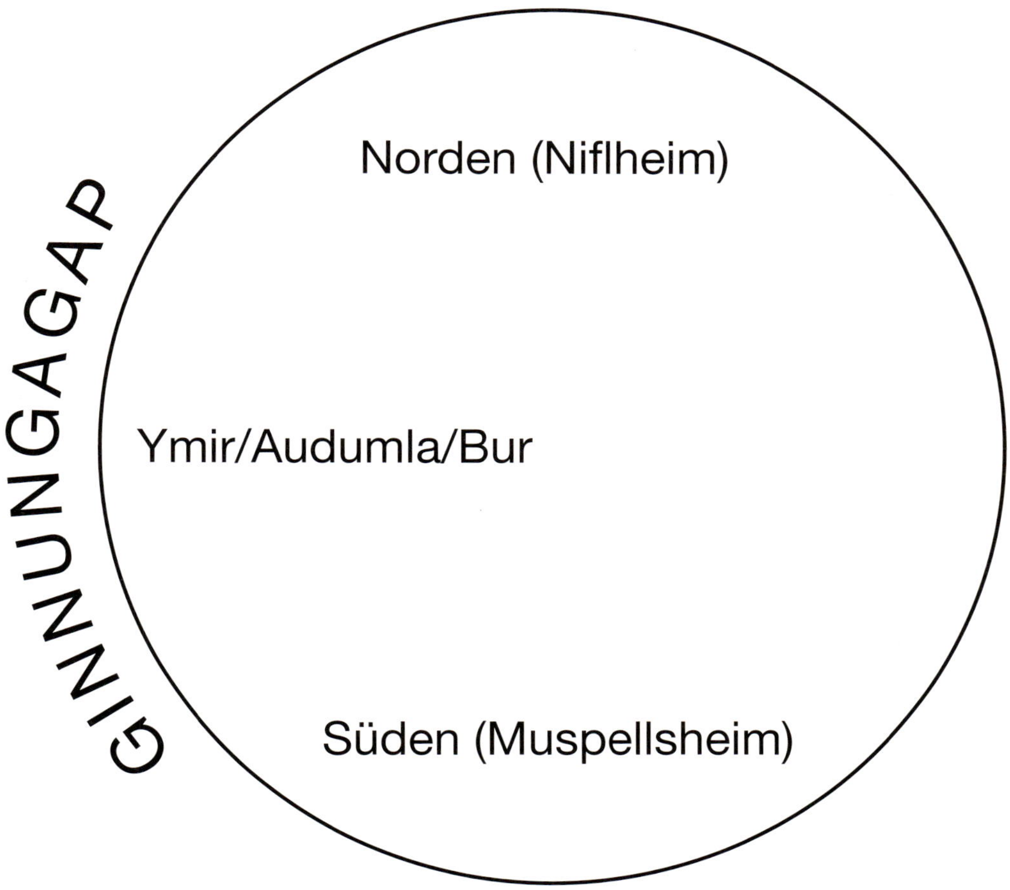

Wie die Burssöhne Midgard (die Erde) schufen:
Sie erschlugen Ymir und verwendeten ihn als „Material“:

Leib: ______________________________

Knochen: ______________________________

Blut: ______________________________

Schädel: ______________________________

Funken: ______________________________

Esche: ______________________________

Ulme: ______________________________

1. *Vervollständige die Angaben mithilfe der Informationen im Text (S. 5–7). Gestalte auch die Zeichnung aus.*

Die Entstehung der Welt (mögliche Lösungen)

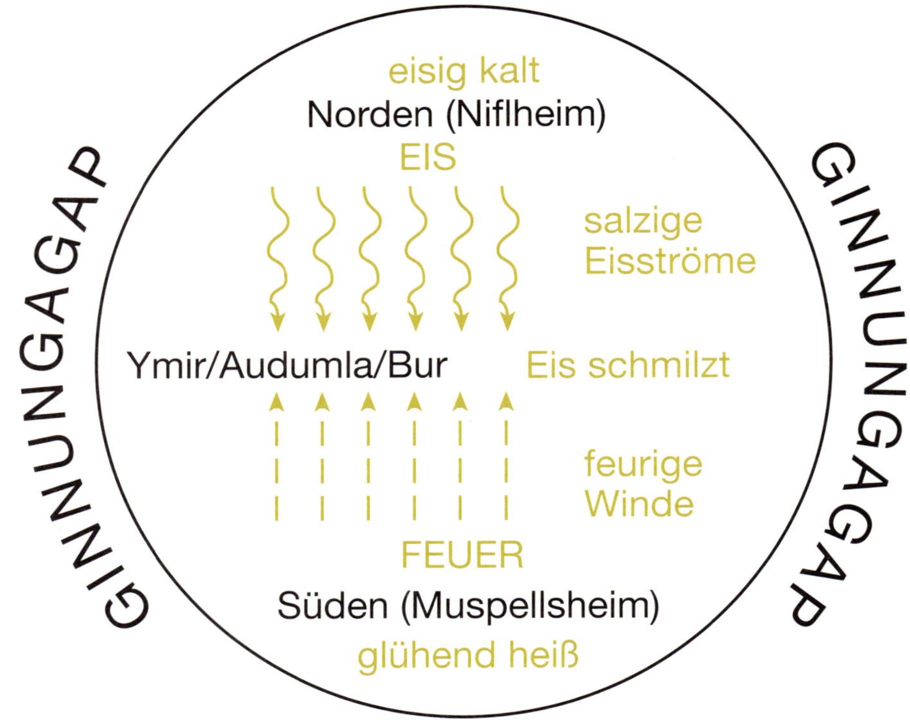

Wie die Burssöhne Midgard (die Erde) schufen:
Sie erschlugen Ymir und verwendeten ihn als „Material“:

Leib:	Aus seinem Leib schufen sie die Erde.
Knochen:	Seine Knochen und Zähne wurden Felsen.
Blut:	Sein Blut wurde zum Meer.
Schädel:	Aus dem Schädel bauten sie das Himmelsgewölbe.
Funken:	Sie holten Funken aus Muspellsheim und setzten sie als Gestirne an den Himmel.
Esche:	Aus einer Esche schufen sie den ersten Mann.
Ulme:	Aus einer Ulme schufen sie die erste Frau.

Die Schülerinnen und Schüler können aufgrund der Hinweise zeichnen, wie sie sich die Halle mit dem Hochsitz Odins vorstellen. Die Aufgabe enthält einen großen „Ermessensspielraum“.

❒ *Zeichnet die Halle mit Odins Hochsitz.*

Eine weitere Aufgabe dieser Art ist der Versuch, die Weltesche zu zeichnen, die die ganze Welt umfasst: „Ihre Krone reicht hoch über das Himmelsgewölbe hinaus und ihre Äste breitet sie über die ganze Welt“ (S. 6, Z. 25–27). Die Aufgabe stellt hohe Anforderungen, ist aber durchaus zu realisieren.

❒ *Wie stellt ihr euch die Weltesche vor? Zeichnet sie bitte.*

Weitere Möglichkeiten der Vertiefung:

❒ *Beschreibe in Form eines Steckbriefes eine Figur aus der germanischen Götterwelt, ohne den Namen zu verwenden, sodass sie von den anderen zu erraten ist.*

In Analogie zu der seinerzeit beliebten Fernsehsendung „Was bin ich?“ kann in der Klasse die Frage „Wer bin ich?“ durchgespielt werden. Alle können sich daran beteiligen. Einer oder eine sitzt vor dem Plenum und wird nach ihrer Identität befragt. Als Antwort ist nur „ja“ oder „nein“ erlaubt. Nach dem Namen wird erst zuletzt gefragt, wenn der Fragende seiner Sache sicher ist.
- Bist du ein Gott? – Ja.
- Bist du ein männlicher Gott? – Nein. ...

Bist du vielleicht Frigg? – Ja.

❒ *Welchen Reiter zeigt die Abbildung auf Seite 9 (die Identität steht nicht fest)? Der Text zum Bild gibt einige Hinweise.*

Vielleicht haben die Schüler und Schülerinnen auch Freude an einem Quiz, das einige von ihnen selbst ausarbeiten – Beispiel:
- Wie heißt die Göttin der Unterwelt?
- Welchen Namen hat die Urkuh?
- Wo wohnen die Asen?

Unser modernes wissenschaftliches Weltbild geht sowohl in der „großen“ als auch in der „kleinen“ Welt über das mit den Augen Wahrnehmbare hinaus. In das Weltall dringen Teleskope zur Beobachtung ferner Welten und Geräte durch den Empfang elektromagnetischer Signale ein; in die Welt der uns umgebenden Substanzen dringen wir mit Hilfe von Mikroskopen ein. Den Germanen standen keine Geräte dieser Art zur Verfügung. Sie konnten nur das wahrnehmen, was ihren Sinnen unmittelbar zugänglich war. So kamen sie bei der Beobachtung der Natur zu der Erkenntnis, dass Leben nur zwischen den lebensfeindlichen Polen von Kälte (im Norden) und Hitze (im Süden) möglich ist.

Die Erzählung „Von der Welt Anfang“ teilt nicht mit, woher Ymir und die Kuh Audumla stammen. Offenbar gab es schon vor dem hier geschilderten Zustand Substanz („Sein“), Lebewesen. Der den Schülerinnen und Schülern bekannte Schöpfungsbericht der Bibel geht demgegenüber von einem Schöpfergott aus, der die Welt „aus dem Nichts“ erschuf („creatio ex nihilo“). Damit sind zwei grundverschiedene Möglichkeiten kosmologischer Vorstellung gegeben. Ein Lexikon unterscheidet sie folgendermaßen:

> „In der Religionsgeschichte treten grundsätzlich zwei Formen auf, sich die Entstehung der Welt vorzustellen: durch die schöpferische Tat eines Gottes und durch ein Werden aus einem Ursein“.
> (Brockhaus Enzyklopädie, Band 16, S. 818)

Ein Vergleich der beiden Berichte über den Anfang der Welt liegt nahe, muss aber nicht unbedingt von den Schülern eingefordert werden. Die Schwierigkeit einer vergleichenden Skizzierung ist darin begründet, dass sich die beiden Berichte nicht streng parallelisieren lassen. Der folgende Vorschlag kann zur Orientierung dienen.

❒ *Stellt „Von der Welt Anfang“ und den Schöpfungsbericht der Bibel (Genesis 1–2,2) vergleichend einander gegenüber.*

Die Ergebnisse können in etwa folgendermaßen auf Folie festgehalten werden:

Von der Welt Anfang (S. 5–7)

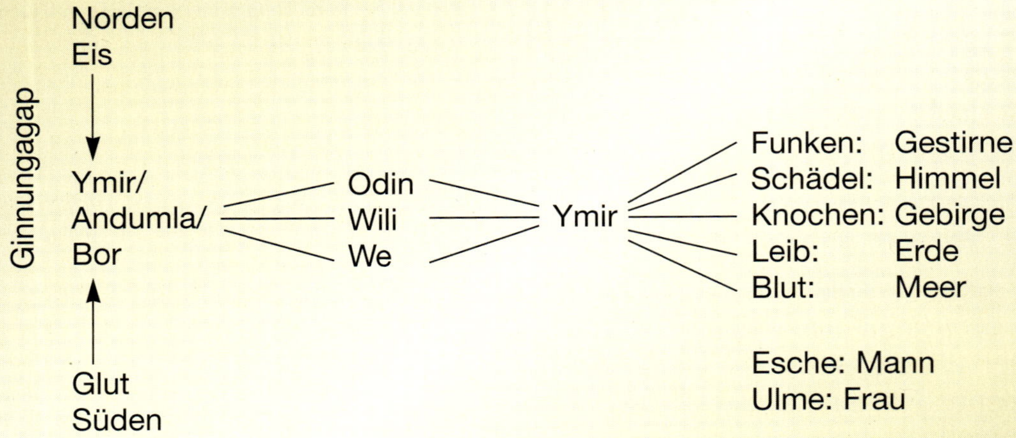

Esche: Mann
Ulme: Frau

Die Erschaffung der Welt (Genesis 1–2,2) – „Sechstagewerk“

„Im Anfang schuf Gott den Himmel und die Erde“

1. Tag	2. Tag	3. Tag	4. Tag	5. Tag	6. Tag	7. Tag
Licht	Firmament	Meer und Land Pflanzen	Gestirne	Luft- und Wassertiere	Landtiere, Menschen	Ruhe

1.2 ❐ Wie Thor seinen Hammer wiederholte (S. 7–9)

Eines Morgens vermisst Thor seinen Hammer. Loki erfährt, dass der Riese Thrym ihn hat. Dieser will ihn nur unter der Bedingung herausgeben, dass Frigg seine Frau wird. Sie weigert sich allerdings, aber schließlich wird eine Lösung gefunden: Thor soll als Braut verkleidet selbst zu Thrym gehen und Loki soll ihn als Magd begleiten. Thrym bemerkt den Betrug nicht, da Loki seine Rolle gut spielt. Als Thor wieder über seinen Hammer verfügt, erschlägt er mit ihm Thrym und viele andere Riesen.

Die Schüler lesen den Text zunächst und machen sich den Ablauf des Geschehens klar. Danach erzählen sie die Geschichte mit eigenen Worten.

❐ *Erzählt, wie Thor seinen Hammer wiederholte.*

Als Umformung in ein anderes Medium bietet sich eine Darstellung als Bildergeschichte an:

❒ *Formt das Geschehen zu einer Bildfolge um.*

Eine anspruchsvolle Aufgabe stellt sich in der Umarbeitung der Erzählung in eine szenische Darstellung. Dazu ist ein Regiebuch mit den Spalten *Rolle, Text, Anweisung zum Sprechen und Spielen* auszuarbeiten.

❒ *Gliedert zunächst den Text und stellt den Ablauf dar.*

Wie Thor seinen Hammer wiederholte (Gliederung)

1. Ausgangssituation: Thors Hammer ist verschwunden.
2. Loki erfährt das Versteck des Hammers.
3. Heimdalls Rat: Thor soll als Braut verkleidet werden.
4. Die vermeintliche Braut und ihre Magd fahren zu Thrym.
5. Thor erhält den Hammer zurück.

❒ *Wie Thor seinen Hammer wiederholte. Schreibt ein Regiebuch und führt die Szenenfolge auf.*

Rolle	**Text**	**Sprech- und Spielanweisung**
[1]		
Thor	Mein Hammer ist verschwunden!	Der Ase ist außer sich vor Zorn.
Loki	Die Riesen müssen ihn gestohlen haben.	Der Listige weiß Bescheid.
[2]		
Thrym	Was führt dich zu mir?	Der Riese spielt den Unwissenden.
Loki	Schlimm geht es den Asen.	Loki äußert sich indirekt.
Thrym	Das kann ich mir denken. Ich habe nämlich Thors Hammer!	Der Riese trumpft auf.
Loki	Den gibst du sicherlich ohne weiteres nicht her ...	Loki möchte erfahren, welche Bedingungen Thrym stellt.
Thrym	Ich gebe ihn nur unter einer Bedingung heraus: Frigg muss meine Frau werden.	Thrym weiß, was er will. Er spricht laut und deutlich.
Loki	Danke! Ich werde es den Asen mitteilen ...	Loki bleibt höflich. ...

❒ *Der starke Ase wird als Braut verkleidet. Loki deutet Thors Gesichtsausdruck um.*
Weist die komischen Züge dieser Situation am Text nach.

1.3 ❒ **Baldurs Tod** (S. 9–12)

Die Erfahrungsgrundlage, die zur Entstehung der Figur Baldurs führte, könnte die Ablösung des Sommers durch den Winter sein. Winter bedeutet das Ende des Lebens, vor allem der Vegetation. Die Geschichte, die über Thor erzählt wird, hat ein gutes Ende.

Die Geschichte, in deren Mittelpunkt Baldur steht, könnte auch gut ausgehen, sie endet aber schlimm.

Zunächst wird Baldur von bösen Träumen geplagt. Als Odin zur Göttin der Unterwelt kommt, stellt er fest, dass ihre Halle festlich geschmückt ist, offensichtlich für den Empfang einer hoch gestellten Persönlichkeit. Odin erfährt, dass es Baldur ist. Ihm gelingt es sogar, den Namen dessen zu erfahren, der ihn töten wird. Es ist Hödur. Um Baldurs Schicksal abzuwenden, nimmt seine Mutter Frigg allen Wesen den Eid ab, ihm kein Leid zuzufügen. Nur die Mistel wird übersehen. Loki findet das heraus, macht einen Pfeil aus einem Mistelzweig und hilft dem blinden Hödur, sich am Spiel, das mit Baldur getrieben wird, zu beteiligen. Der Schuss ist tödlich.

Abermals versucht Frigg, Baldur zu retten. Hel will ihn zur Erde zurückkehren lassen, wenn alle Wesen ihn beweinen. Alle tun es, außer einem alten Weibe, in deren Gestalt Loki sich verbirgt. So muss Baldur in der Unterwelt bleiben.

Die Geschichte sollte nach dem Lesen von den Schülern zunächst analysiert werden. Dabei müsste es vor allem um die Frage gehen, wie Baldurs Schicksal vermieden werden soll und wie sich sein Schicksal aber trotzdem erfüllt.

❒ *Was unternimmt Frigg, um ihren Sohn vor dem Unheil zu bewahren? Weshalb sind ihre Bemühungen vergeblich?*

Der Lehrer oder die Lehrerin könnte auf eine Parallele aus der griechischen Sagenwelt hinweisen: Orpheus und Eurydike. Als seine Frau Eurydike gestorben ist, bewegt der Sänger Orpheus alle Wesen, sogar Persephone, die Göttin der Unterwelt, durch seine Klage zu Mitleid. Persephone erlaubt Orpheus schließlich, seine Gattin aus dem Reich der Schatten zurückzuholen. Die Erlaubnis ist aber an eine Bedingung geknüpft: Orpheus darf sich nicht nach der hinter ihm schreitenden Eurydike umsehen. Da er ihren Schritt nicht hört, schaut er sich schließlich doch um, und damit entschwindet sie für immer.

Eine Selbstständigkeit verlangende Aufgabe stellt sich mit der Neugestaltung des Textes aus der Sicht Lokis:

❒ *Stellt Baldurs Tod aus der Sicht Lokis dar.*

❒ *Malt zu eurer Erzählung passende Bilder und hängt in der Klasse Texte und Abbildungen auf.*

Die Darstellung kann zugleich eine Übung in der Strategie eigenen Erzählens sein. Die Schüler sollten zunächst den Ablauf der Handlung stichwortartig skizzieren. Dann sollten sie sich eine geeignete Einleitung überlegen, doch besteht auch die Möglichkeit für sie, gleich in das Geschehen zu springen, beispielsweise so: „Baldur war mir schon immer ein Dorn im Auge ..."

Der erste Entwurf ist zu überarbeiten. Das geht am besten in Partnerarbeit. Dazu sollten die Schüler folgende Tabelle unter ihren Text zeichnen und sich gegenseitig Tipps geben:

Textüberarbeitung

Leser/Leserin	Das gefällt mir gut	Das kannst du noch verbessern

1.4 ❒ **Von der Welt Ende und Erneuerung** (S. 12–13)

Wie die Welt nach germanischer Vorstellung einen Anfang hat, hat sie auch ein Ende. Der Text stellt es in seinem Ablauf dar.

Von der Welt Ende

Vorstufe des Weltuntergangs:
- Langer Winter, Verfall der Sitten

Ankündigung des Endes:
- drei Hähne krähen: der der Riesen, der der Asen, der der Hel;
- der Höllenhund Gram heult;
- Wächter Heimdall verkündet das Ende

Der Ablauf der Ereignisse:
- Die Weltesche erzittert.
- Der Fenriswolf verschlingt die Sonne.
- Der Höllenhund verschlingt den Mond.
- Die Sterne fallen herab.
- Die Schlange bäumt sich auf.
- Surt reitet nach Asgard.
- Der Fenriswolf verschlingt Odin, er wird selbst von Widar getötet.
- Thor tötet die Schlange und erleidet selbst den Tod.
- Surt äschert die Welt ein.

❒ *Wie vollzieht sich das Ende der Welt? Haltet den Ablauf in seinen Einzelheiten stichwortartig fest.*

Die neue Erde ist ein Paradies. Der Text beschreibt die Utopie bzw. den Traum vom „Goldenen Zeitalter“, einer glücklichen und sorgenfreien Urzeit. Aber dieser Zustand ist bedroht: Zwar ist die Midgardschlange „verbannt“ – sie kann aber zurückkehren und entsprechend können auch die Menschen wieder Untugenden entwickeln.

Die Schülerinnen und Schüler können sich den Untergang am besten dadurch veranschaulichen, dass sie ihn malen. Geeignet sind vor allem die beiden folgenden Situationen:
- Die Welt vor dem Untergang (S. 12, Z. 1–8)
- Drei Hähne verkünden die „Mobilmachung“ (S. 12, Z. 14–S. 13, Z. 11).

Hinweis: Die Hähne sollten eine dominierende Position einnehmen; sie können auch als „Grundierung“ angelegt werden.

❒ *Stellt in einem Bild dar, wie ihr euch den Weltuntergang vorstellt. Bezieht die drei Hähne in eure Darstellung ein.*

Im Klassengespräch wird die Frage geklärt, wie die neue Erde beschaffen ist. Dabei empfiehlt es sich, zunächst den Aufbau zu erfassen:

Von der Welt Erneuerung (Aufbau)

die neue Erde (S. 13, Z. 25–28)
die Rückkehr der Götter (S. 13, Z. 28–33)
das Fehlen des Bösen (S. 13, Z. 33–35)
der Zustand eines Paradieses (S. 13, Z. 35–37)

Ein Satz könnte dem Verständnis Schwierigkeiten bereiten: „Ein neuer Saal, sonnenglänzend, wird erbaut zu Gimle. Dort werden wackere Scharen wohnen“ (S. 13, 31–32). Der „neue Saal“ lässt sich als das neue Wahlhall deuten und in den „wackeren Scharen“ kann man „die Gefolgsmannen Odins“ sehen (vgl.: „Die Edda, Band II, Götterdichtung. Düsseldorf 1963, S. 43).

❒ *Was erfahrt ihr von der „Erneuerung“ der Welt?*

Als eine weiterführende Aufgabe stellt sich – oder stellen die Schüler und Schülerinnen – die Frage, wie die Menschen auf der neuen Erde leben.
Sie stellen zunächst fest:
- Man braucht nicht schwer zu arbeiten.
- Die Äcker tragen reiche Frucht ohne Zutun des Menschen.
- Freude und Friede herrschen.

❒ *Wie leben die Menschen auf der neuen Erde?*

Der letztgenannte Gedanke ist zu präzisieren. Wenn es keine Untugenden gibt, weder Neid noch Aggression, kann es nicht zu Zank und Streit kommen. Gerichte und Gefängnisse sind damit nicht erforderlich ...

Von der Frage, was die Menschen nicht zu tun brauchen, ist es nur ein Schritt zur nächsten: was sie tun können.

Bei der Beantwortung hilft das Wort „Freude“, das ihren Zustand kennzeichnet. Freude ist ein Gefühl, das nach Ausdruck verlangt. Freude äußert sich in Singen und Tanzen; Freude möchte sich darstellen, „verewigen“, und das geschieht durch bildliche, durch poetische und musikalische Darstellung. Der Mensch hat in dem Zustand, wie er nach dem Weltuntergang in einer neuen Welt herrscht,

Zeit für sich selbst, seine Nächsten und für Freunde; er kann sich in Muße den Künsten widmen ...

Die Schüler können sich über die zunächst im Gespräch geklärten und entfalteten Gedanken und Implikationen angemessen dadurch äußern, dass sie die Thematik in Eingrenzung und aus eigener Sicht darstellen:

- *Wie würde ich meine (freie) Zeit auf der neuen Erde verbringen?*

Nachwirkungen der altgermanischen Göttervorstellungen

In seiner „Germania“ (98 n. Chr.) schreibt der römische Historiker Tacitus auch über die Götter der Germanen. Im 9. Kapitel heißt es: „Von den Göttern verehren sie am meisten Merkur (Wodan); sie halten es für geboten, ihm an bestimmten Tagen auch Menschenopfer darzubringen. Herkules (Donar) und Mars (Zio) stimmen sie durch bestimmte Tiere gnädig“ (Germania. Lateinisch und Deutsch. Übersetzt, erläutert und mit einem Nachwort herausgegeben von Manfred Fuhrmann. Stuttgart 1972, S. 15).

Die Namen dieser drei und weiterer Götter bzw. Göttinnen sind in den lateinischen Bezeichnungen der Wochentage enthalten und kehren in den deutschen, englischen und französischen Entsprechungen wieder (vgl. die folgende Übersicht). Die Bezeichnung „Mittwoch“ hat das ältere Wort, das auf Wodan Bezug nahm, verdrängt (Vgl. Fritz Tschirch: Geschichte der deutschen Sprache. 1. Teil. Berlin 1966, S. 121f.). Die Namen der wichtigsten germanischen Götter tauchen also in den Wochentagen Dienstag, Mittwoch und Donnerstag auf.

Vergleichende Übersicht über die Wochentagsnamen

Deutsch:
Montag/Dienstag/Mittwoch/Donnerstag/Freitag/Samstag/Sonntag

Englisch:
Monday/Tuesday/Wednesday/Thursday/Friday/Saturday/Sunday

Französisch:
lundi/mardi/mercredi/jeudi/vendredi/samedi/dimanche

Lateinisch:
Lunae dies/Martis dies/Jovis dies/Veneris dies/Saturni dies/Solis dies

- *Erkundigt euch, wie die Wochentage in der Mundart eurer Gegend bezeichnet werden (vgl. z.B. den Ziestag im südwestdeutschen Raum).*

Germanische Götter leben auch in Volkssagen weiter. So erscheint Wodan in den Sagen von der wilden Jagd und vom wilden Jäger (vgl. „Geistersagen“).

Notizen

Die Nibelungen

2.1 ❒ Planung einer Sequenz

In ihrer Zweiteilung von „Siegfrieds Tod“ (I) und „Der Burgunder Untergang“ (II) folgt die vorliegende Fassung dem Nibelungenlied, das um 1200 im Donauraum entstand und dessen Verfasser dem Stoff auf der Grundlage der vorhandenen Vorstufen seine endgültige Form gab. Elsbeth Schulte-Goecke hat bei ihrer Fassung diesen Rahmen aber erweitert, und zwar um die Vorgeschichte, also Siegfrieds Jugendgeschichte, und auch um das weitere Schicksal Kriemhilds (worauf in der Neubearbeitung allerdings verzichtet wurde). Sie stützte sich für diese Stoffbereiche auf die „Edda“ (Teil I, Heldendichtung), allerdings ohne sich an die dort verwendeten Namen zu halten. So ersetzte sie von Anfang an die Namen Sigurd durch Siegfried und Gudrun durch Kriemhild.

Eine straffe Zusammenfassung des gesamten hier erzählten Geschehens enthält das Kapitel „Die Dichtersprache“ aus der „Jüngeren Edda“ oder „Prosa-Edda“, einem Werk des isländischen Gelehrten Snorri Sturluson (1178–1241). Hier werden die von den Skalden oder Dichtern verwendeten Umschreibungen wichtiger Begriffe und ihre Herkunft erläutert. Das Kapitel hat die Form eines Lehrgesprächs; der Meergott Ägir stellt Fragen, und Bragi, der Gott der Dichtung, gibt die Antworten. So wird die Zusammenfassung dessen, was später als Nibelungenstoff bekannt geworden ist, eingeleitet durch die Frage: „Welchen Grund hat es, dass man für Gold ‚Otterbuße‘ sagt?“ (§ 39–41) An dieser Stelle setzt die vorliegende Erzählung des Geschehens ein.

Nachweis der Quellen in der „Edda“ (Teil I, Heldendichtung):

- Siegfrieds Jugend:
  Das Lied vom Drachenhort (Nr. 14)
  Die Vogelweissagung (Nr. 15)
  Sigurds Vaterrache (16)
  Die Erweckung der Walküre (Nr. 17)
- Siegfrieds Tod:
  Das alte Sigurdlied (Nr. 3)
- Kriemhilds Rache:
  Das alte Atlilied (Nr. 4)

Die (nicht abgedruckte) Weiterführung des Geschehens basiert auf folgenden Quellen:
Das alte Hamdirlied (Nr. 5)
Gudruns Lebenslauf (Nr. 10)
Gudruns Sterbelied (Nr. 11)

Da ein Sagengeschehen wie das vorliegende nicht in allen Teilen in gleicher Intensität analysiert werden kann, ist zu fragen, welche Handlungselemente vertieft behandelt werden sollten und welche kursorisch durchgenommen werden können. Diese Festlegung kann unter Beteiligung der Lerngruppe erfolgen. Ein oder zwei Schülerinnen bzw. Schüler, die sich freiwillig melden, lesen den gesamten Text und stellen ihn der Klasse kurz vor. Sie gehen auch auf Fragen ein, ohne sich allerdings zu sehr in Details zu verlieren. Dann machen sie einen Vorschlag, welche Kapitel ihrer Meinung nach schwerpunktartig behandelt werden sollten. Sie rechtfertigen ihren Vorschlag – ebenfalls knapp – gegenüber der Klasse und sind für Änderungsvorschläge offen. Die Kapitel, die intensiv behandelt werden, sind von der Klasse von Fall zu Fall zu lesen. Der gesamte Handlungsablauf wird also im Wechsel von eingehender Interpretation wichtiger Stellen und strukturierter Zusammenfassung oder einfachem Lesedurchgang erarbeitet.

Als unverzichtbar erscheint die Vorgeschichte, die Siegfrieds Jugendtaten (S. 14–21) vermittelt. Die Schüler haben vielleicht noch ein „naives“ Interesse an den realistisch wohl nicht nachzuvollziehenden Abenteuern. Im mittelalterlichen Epos wird die Vorgeschichte in dem Augenblick nachgeholt, als Siegfried in Worms erscheint. Hagen erkennt ihn auf den ersten Blick und berichtet den Burgundern Siegfrieds Taten: Erlangen des Schwertes Balmung, des Nibelungenhorts, der Tarnkappe, Überwindung des Drachens, Erwerb der Hornhaut (3. Aventiure, Strophe 80–100).

Kapitel 4 (Wie Siegfried die Walküre erweckte und sich mit ihr verlobte) kann im Bericht vermittelt werden, doch müssen hier Einzelheiten, die für die spätere Entwicklung der Handlung von Bedeutung sind, festgehalten werden (Verlobung, Ring!).

Die nächste Lebensphase kann unter der Überschrift „Siegfrieds Ruhm und Tod“ gesehen werden (S. 21–36). Die Kapitel 5 bis 7 können im Bericht zusammengefasst werden. Hier ist wichtig, dass Siegfried Brünhild hintergeht, um Kriemhild zu erlangen. Der nächste Schwerpunkt ist mit Kapitel 8, Der Streit der Königinnen, zu setzen. Die Kapitel 10 bis 12 werden ebenfalls zusammenfassend behandelt.

Von Teil II werden die ersten beiden Kapitel im Bericht vermittelt. Ausführlicher sollte Kapitel 3 (Wie Kriemhild König Etzels Gemahlin wurde) behandelt werden. Für den weiteren Ablauf der Handlung ist von Bedeutung, dass Kriemhild den Hunnenkönig nicht aus Liebe heiratet, sondern um mit seiner Hilfe Siegfrieds Tod zu rächen. Eine Sachfrage, die die Schüler interessieren dürfte, ist das „logistische“ Problem des Zuges (zunächst Kriemhilds, später der Nibelungen) von Worms zu Etzels Burg. Der Text beschränkt sich auf Andeutungen (S. 38, S. 39f.). Deshalb wird der Sachverhalt in diesem Unterrichtsmodell thematisiert (vgl. Zusatzmaterial 1, S. 80: Schauplätze des Nibelungenliedes). Die Kapitel 6 bis 10 können in einem genauen Bericht zusammengefasst werden. Den letzten Schwerpunkt bildet Kapitel 11, Rüdiger. Der Schluss wird ebenfalls im Bericht vermittelt. Unterschiedliche Versionen werden in einem Arbeitsblatt miteinander verglichen.

Übersicht über den Vorschlag der Behandlung

I. Siegfrieds Tod

1. Vom Fluch, der auf dem Golde liegt	Analyse
2. Wie Siegfried den Drachen erschlug	
3. Wie Siegfried die Tarnkappe gewann	
4. Wie Siegfried die Walküre erweckte	
5. Siegfried bei den Burgundern	Bericht
6. Wie Brünhild betrogen wurde	
7. Die Doppelhochzeit	
8. Der Streit der Königinnen	Analyse
9. Wie Siegfried verraten ward	Bericht
10. Siegfrieds Tod	
11. Wie Brünhild Siegfried in den Tod folgte	

II. Der Burgunder Untergang

1. Warum Kriemhild nicht mit den Niederländern heimfuhr — Bericht
2. Wie Hagen den Nibelungenhort im Rhein versenkte
3. Wie Kriemhild Königs Etzels Gemahlin wurde

4. Wie die Burgunder die trügerische Einladung annahmen — Bericht
5. Wie die Burgunder unterwegs gewarnt wurden
6. Wie die Burgunder im Hunnenland empfangen wurden

7. Die Nachtwache — Bericht
8. Der Kampf beginnt
9. Der Burgunder Treue
10. Wie Kriemhild den Saal anzünden ließ

11. Rüdiger — Analyse

12. Des Kampfes Ende — Bericht

2.2 ❐ **Siegfrieds Jugendtaten** (S. 14–21)

Siegfrieds Jugendtaten (Kapitel 1–3) müssen als Grundlage des weiteren Geschehens genau behandelt werden. Was hier erzählt wird, mutet den Schülerinnen und Schülern nicht mehr zu als die Superman-Geschichten. Urzeitgeschehen darf in der Dichtung keinen geringeren Wahrheitsanspruch erheben als Science Fiction. Aller Erfahrung nach werden die jungen Leserinnen und Leser von den spannenden Abenteuern in Bann geschlagen werden. Es scheint daher unnötig zu sein, die Frage nach dem Realitätsbezug der ersten drei Kapitel zu stellen.

Vom Fluch, der auf dem Golde liegt (S. 14–16)

Dieser Text wurde in enger Anlehnung an die „Prosa-Edda“ nacherzählt. Ihm liegt dort die Antwort auf die Frage zugrunde, welchen Grund es hat, dass man für Gold „Otterbuße“ sagt.

❐ *Untersucht den Text und stellt seinen Aufbau dar.*

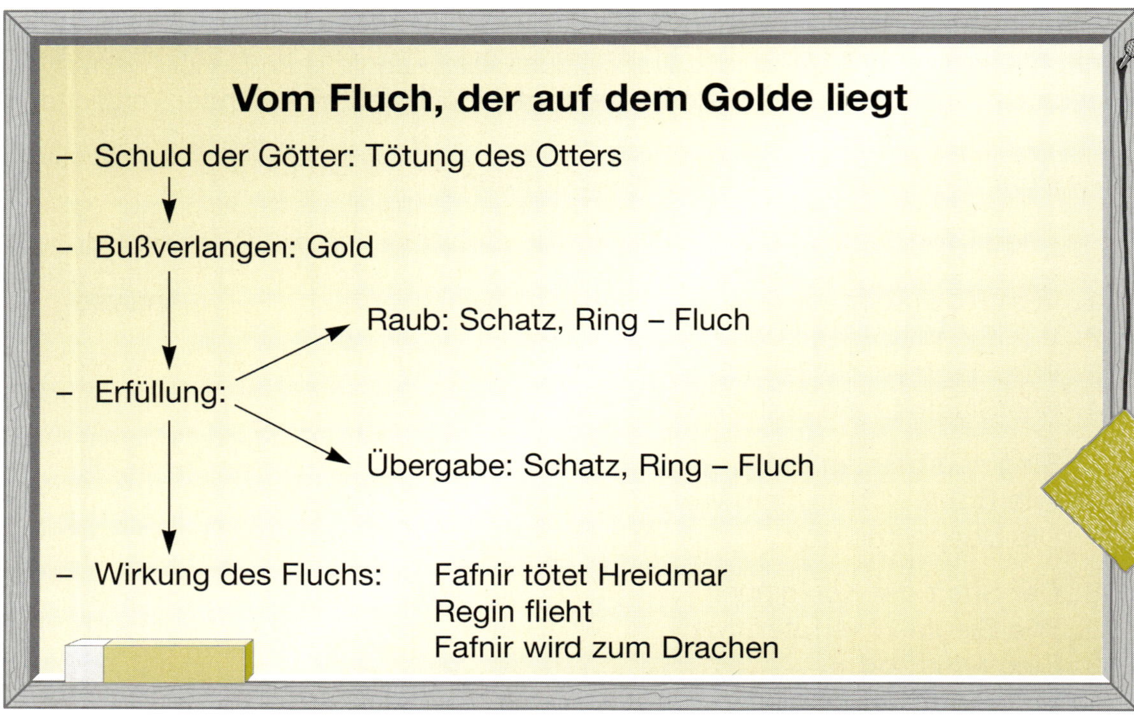

- *Erzählt die Geschichte aus der Sicht Regins.*
- *Zeichnet Fafnir als Bewacher des Goldes.*
- *Bastelt (in Zusammenarbeit mit dem Kunstunterricht) einen Drachen aus Pappmaschee.*

Wie Siegfried den Drachen erschlug (S. 16–18)

Auch dieser Text sollte gemeinsam gelesen, in seinen Einzelheiten erklärt und schließlich nacherzählt werden. Er umfasst mehrere Phasen:
a. Wie Siegfried zu seinem Schwert kommt (S. 16, Z. 28–S.17, Z. 18)
b. Wie er den Drachen erschlägt (S. 17, Z. 18–S. 18, Z. 4)
c. Wie sich Regin verhält (S. 18, Z. 5–13)
d. Was die Vögel Siegfried raten (S. 18, Z. 19–35)

a) Das Schwert Balmung war ein Geschenk Odins an Siegfrieds Vater Siegmund, in dessen letztem Kampf es zersprang. Siegfried findet die Stücke in der Kammer seiner Mutter und bringt sie zu Regin mit der Bitte, er möge sie wieder zum Ganzen schmieden, was diesem kundigen Schmied auch gelingt.

b) Diese Phase entspricht der Abbildung auf Seite 20; sie sollte zu ihrer Beschreibung herangezogen werden.

c) Der kundige Regin will sich geheimer Kräfte versichern und er möchte Siegfried aus dem Wege räumen.

d) Siegfried entdeckt durch Zufall die Zauberkraft des Herzblutes und versteht die Sprache der Vögel.

Sie raten ihm, das Herz selbst zu essen und im Blute des Drachen zu baden; sie teilen ihm auch Regins Mordplan mit. (Bei dem, was ihm die Vögel mitteilen, handelt es eigentlich um nahe liegende Gedanken; Siegfried hat sie selbst.)

Siegfried erschlägt Regin, badet in dessen Blut und wird dadurch unverwundbar bis auf eine Stelle zwischen den Schultern, auf die der Wind ein Lindenblatt geweht hat.

Zur Ergebnissicherung erhalten die Schüler folgenden Auftrag:

- *Schreibt einen Bericht darüber, wie Siegfried den Drachen erschlug. Bezieht die Abbildung auf S. 20 in eure Darstellung ein.*

Diese Aufgabe lässt sich auch in der Form eines Zeitungsberichts für die „Nibelungenpost" realisieren (Arbeitsblatt 2, S. 25).

Wenn den Lernenden das Thema Bericht nicht geläufig ist, empfiehlt es sich, vor der Bearbeitung von Arbeitsblatt 2 die folgenden Aufgabenstellungen mit der Klasse in einem Unterrichtsgespräch zu erörtern:

- *Erkläre, worin das Hauptziel von Berichten besteht, mit denen wir täglich in der Zeitung, im Radio und Fernsehen konfrontiert werden.*
- *Durch welche inhaltlichen und sprachlichen Hauptmerkmale werden Berichte gekennzeichnet?*

Die wesentlichen Merkmale des Berichts sollten auf Folie in Kurzform festgehalten werden:

Der Bericht

1. Hauptziel des Berichts ist die *Information* über die wichtigsten Tatsachen eines Vorfalls. Persönliche Gefühle, Stimmungen, Meinungen und Vermutungen gehören nicht dazu.

2. a) Die Auswahl der Informationen richtet sich nach dem Ziel und lässt sich durch W-Fragen, meist in *folgender Reihenfolge,* treffen:
   - *Was* geschah? (ergibt den Sachverhalt)
   - *Wer* war beteiligt? (ergibt die Personen)
   - *Wo* geschah das Ereignis? (ergibt den Ort)
   - *Wann* geschah es? (ergibt die Zeit)
   - *Wie* oder *warum* geschah es? (ergibt die Umstände bzw. Ursachen)
   - *Welche Folgen* (Wirkungen) entstanden? (ergibt das Ergebnis)

   b) Dem Ziel der Information entspricht ein *sachlicher Stil,* der nüchterne Aussagen (oft durch Substantive, z.T. als Komposita und Fachbegriffe) verlangt. Manchmal entsteht so ein *Nominalstil.*

   c) Weil es um ein in der Vergangenheit abgeschlossenes Ereignis geht, ist die Zeitstufe das *Präteritum.*

Aus: Peter Mettenleiter, Aufsatz Plus. Paderborn: Verlag F. Schöningh 1988

Die Schülerinnen und Schüler müssen sich zu ihrem Bericht eine wirksame Überschrift überlegen. Ehe sie den Bericht ausformulieren, sollten sie die W-Fragen beantworten, damit ihnen der Sachverhalt klar vor Augen steht.

WAS geschah? – Siegfried erschlug den Drachen Fafnir.

WER war beteiligt? – Außer Siegfried und dem Drachen der Schmied Regin, der Bruder Fafnirs.

WO geschah das Ereignis? – Auf der Gnitaheide.

WANN geschah es? – Als Regin davon überzeugt war, dass Siegfried den Drachen überwinden könnte.

WIE oder WARUM geschah es? – Regin stiftete Siegfried zum Kampf mit dem Drachen an, um nach dessen Tod Besitzer des Schatzes zu werden. Er machte auf dem Weg, den der Drache täglich zur Quelle nahm, eine Grube. In ihr erwartete Siegfried das Ungeheuer. Als es über ihn hinwegkroch, stieß er ihm das Schwert von unten in den Leib. Vor seinem Tode prophezeite Fafnir seinem Überwinder, dass auch ihm der Nibelungenhort den Tod bringen werde.

WELCHE FOLGEN entstanden? – Als Siegfried von dem Herzblut des Drachen kostete, verstand er die Sprache der Vögel. Er erfuhr, dass Regin ihm nach dem Leben trachtete. Deshalb schlug er ihm den Kopf ab. Dann aß er Fafnirs Herz und badete in seinem Blut. Dadurch wurde er – bis auf eine Stelle zwischen den Schultern – unverwundbar. Folgende Lösung ist denkbar (vgl. S. 26):

Wie Siegfried den Drachen erschlug

Der Bericht

Du bist Reporter der Nibelungenpost und sollst einen Bericht über Siegfrieds Drachenkampf schreiben. Wichtig ist hierbei, dass du auch über die dir bekannten Hintergründe berichtest, eine auflagensteigernde Schlagzeile findest und ein Bild des Untiers lieferst.

NIBELUNGENPOST

Unabhängige Tageszeitung

Datum: Preis:

Junger Held überwindet Drachen
Königssohn vom Niederrhein wird Besitzer des Nibelungenhorts

Was bisher noch keinem gelang, Siegfried hat es geschafft. Der Sohn von Siegmund und Sieglind überwand auf der Gnitaheide den Drachen Fafnir. Damit wurde er zum Besitzer des Nibelungenhortes. Entscheidende Hilfe erhielt er von seinem Begleiter Regin, dem Bruder Fafnirs.

Er legte auf dem Wege, den der Drache täglich zur Quelle nahm, eine Grube an. In ihr erwartete Siegfried das Ungetüm. Als es über ihn hinwegkroch, stieß er ihm von unten sein Schwert Balmung in den Leib.

Regin handelte keineswegs uneigennützig. Er wollte mit Siegfrieds Hilfe in den Besitz des Nibelungenhorts gelangen, den der Drache bewachte. Nach vollbrachter Tat wollte er deshalb Siegfried aus dem Wege räumen. Der Held erfuhr davon (durch den Gesang der Vögel) und kam dem Bösewicht zuvor. Dann badete er im Blut des Drachen. Dadurch wurde er mit einer Hornhaut überzogen, die ihn – bis auf eine Stelle – unverwundbar gemacht hat.

Vor seinem Tode prophezeite der Drache seinem Bezwinger, der Nibelungenhort werde auch ihm den Tod bringen.

Möglich sind auch folgende Aufträge:

- ❐ *Bastelt Siegfrieds Schwert (aus Holz).*
- ❐ *Gestaltet den Kampf Siegfrieds mit dem Drachen als Comic.*

Wie Siegfried die Tarnkappe gewann (S. 18–19)

Diese Begebenheit ist deshalb von Bedeutung, weil die Tarnkappe Siegfried ermöglichen wird, Brünhild zu hintergehen (S. 24–26), damit sie Gunthers Frau wird und er selbst Kriemhild erhält.

- ❐ *Erzählt die Begebenheit aus der Sicht des Zwerges.*

Wie Siegfried die Walküre erweckte und sich mit ihr verlobte (S. 19–21)

Die Ereignisse der ersten drei Kapitel ermöglichen Siegfried, in die Welt zu ziehen und Abenteuer zu bestehen. Schon das erste ist von schicksalhafter Bedeutung: „Wie Siegfried die Walküre erweckte und sich mit ihr verlobte“ (S. 19–21). Es hat folgenden Aufbau:

- Siegfried gelangt zur schlafenden Walküre (S. 19, Z. 29–S. 20, Z. 6).
- Brünhild erzählt ihre Geschichte (S. 20, Z. 6–S. 21, Z. 13).
- Siegfried und Brünhild verloben sich (S. 20, Z. 13–24).
- Siegfried bricht auf und vergisst Brünhild (S. 21, Z. 25–30).

Von diesem Kapitel aus fällt zunächst ein Licht auf Siegfrieds Jugendtaten. Da Brünhild ihm ihre Geschichte erzählt (S. 20, Z. 8), hat auch sie Anspruch darauf, seine Geschichte zu erfahren. Siegfrieds Geschichte sollte deshalb umgeformt und aus der Perspektive der 1. Person erzählt werden. „Ich bin der Sohn von König Siegmund und seiner Frau Sieglind aus Xanten ...“

❑ *Siegfried erzählt Brünhild, wer er ist (mündlich in einem Rollenspiel oder schriftlich).*

Eine weitere Möglichkeit der Verarbeitung besteht darin, den Text in szenisches Spiel umzuformen. Dabei können Zitate eingebaut werden.

❑ *Schreibt über dieses Ereignis ein Regiebuch und spielt die Szene.*

Brünhild:	Wer erweckte mich vom Schlaf?
Siegfried:	Ich heiße Siegfried, König Siegmund und seine Frau Sieglind aus Xanten sind meine Eltern ... Und wer bist du?
Brünhild:	Brünhild heiße ich. Ich war einst eine Walküre ...
Siegfried:	Du gefällst mir.
Brünhild:	Du bist der Mann, der sich furchtlos durch das Feuer wagte. Wenn ich unter allen Männern wählen dürfte, ich würde keinen anderen nehmen als dich!
Siegfried:	Ich lieb dich auch, und als Zeichen dafür, dass wir zusammengehören, stecke ich dir diesen Ring an. Es ist der Nibelungenring. Ich werde wiederkommen und dann werde ich dich zur Frau nehmen.
Brünhild:	Ich werde auf dich warten.

2.3 ❑ Siegfrieds Ruhm und Tod (S. 21–36)

Siegfried bei den Burgundern (S. 21–28)

Die nächsten drei Kapitel (S. 21–28) lassen sich zusammenfassen. Es zeigt sich, dass Siegfried sein Versprechen vergisst. Er kommt nach Worms zu den Burgundern, besiegt für sie die Sachsen und Dänen, lernt Kriemhild kennen und ist sichtlich von ihr beeindruckt (S. 21–24). Als König Gunther durch fahrende Sänger von Brünhild hört, möchte er sie zur Frau gewinnen. Siegfried erklärt sich schließlich bereit, ihm zu helfen sie zu gewinnen, wenn er dafür Kriemhild zur Frau bekommt (S. 24–25).

Siegfried ist also um einer anderen Frau willen bereit, seine Verlobte aufzugeben und zu hintergehen. Zu ihrem Befremden stellt er ihr König Gunther vor, dem er diene, und teilt ihr dessen Absicht mit, sie zur Frau zu gewinnen. Versteckt unter seiner Tarnkappe hilft er Gunther, Brünhild zu besiegen (Speerkampf, Steinstoßen und Springen).

Da Siegfried zum Dank von Gunther seine Schwester Kriemhild zur Frau bekommt, kann eine Doppelhochzeit stattfinden (S. 26–28). Als Brünhild mit Gunther allein in der Kammer ist, will sie wissen, warum er seine Schwester „diesem Knecht“ gegeben hat. Da er die Antwort verweigert, versagt sie sich ihm. Da Gunther ihr an Stärke nicht gewachsen ist, vertraut er sich Siegfried an, und dieser erklärt sich bereit, ihm im Schutz der Tarnkappe abermals zu helfen. Da Brünhild annehmen muss, dass Gunther sie niedergerungen hat, unterwirft sie sich ihm. Siegfried aber nimmt den Nibelungenring und Brünhilds Gürtel an sich. Beides gibt er Kriemhild, als sie wieder zu Hause sind; er erzählt ihr auch, was geschehen ist.

Eine angemessene Aufgabe stellt die Umformung der Ereignisse dar, beispielsweise als Erzählung aus anderer Perspektive.

❒ *Siegfried erzählt Kriemhild, wie Brünhild hintergangen wurde.*

Der Streit der Königinnen (S. 28–30)

„Es schien, als schicke sich Brünhild in ihre Lage" (S. 28). In Wirklichkeit wird aber Misstrauen in ihr zurückgeblieben sein. Nach Jahren sorgt sie dafür, dass Kriemhild und Siegfried zu einem Besuch eingeladen werden. Dieser hat, wie im II. Teil die Einladung der Nibelungen zur Burg Etzels, fatale Folgen. Das Kapitel bedarf einer genauen Behandlung. Dazu bietet sich eine analytisch-beschreibende und eine kreativ-ausgestaltende Aufgabenstellung an: die Erfassung des Aufbaus und die Ausarbeitung eines Regiebuches. Es stellt sich allerdings die Frage, ob alle Schülerinnen und Schüler aufgrund ihrer Entwicklung schon über die Voraussetzungen für das Verständnis von Eifersucht und Prestigedenken verfügen.

❒ *Legt zunächst den Aufbau des Kapitels dar (S. 28–30).*

Der Aufbau der Auseinandersetzung ist anhand wichtiger Textsignale zu erfassen; die Zeitangaben lassen eine Abfolge der Ereignisse in drei Phasen erkennen: „Eines Nachmittags" (S. 28, Z. 28f.), „Am anderen Morgen" (S. 29, Z. 19), „Nach der Messe" (S. 29, Z. 37f.).

Die 1. Phase: Wie es zum Streit kommt (S. 28, Z. 28–S. 29, Z. 17).
Kriemhild und Brünhild schauen vom Balkon den Helden zu.

+ Kriemhild hebt Siegfrieds herausragende Position unter den Recken hervor.
– Brünhild stimmt ihr zwar zu, weist aber auf Siegfrieds minderen sozialen Status gegenüber Gunther hin.
+ Kriemhild betont Siegfrieds Unabhängigkeit und preist seine Vorzüge überschwänglich.
– Brünhild wirft ihr Unwissenheit in ihrem Verhältnis zu Gunther und ihr vor. Siegfried habe sich ihr gegenüber als Knecht Gunthers bezeichnet. Bitter fügt sie hinzu, es solle sie nicht wundern, wenn er den Lehnseid bräche; und in Anspielung auf sein Verhalten ihr gegenüber bemerkt sie, er habe schon andere Eide gebrochen.
+ Kriemhild wirft ihrerseits Brünhild Unwissenheit vor im Hinblick darauf, was Siegfried alles für Gunther getan habe. Danach verlässt sie ihre Schwägerin, ohne ihr Gelegenheit zu einer Antwort zu geben.

2. Phase: Die Eskalation des Streites (S. 29, Z.19–37)

Spielte sich der erste Disput unter vier Augen ab, wird die nächste Begegnung zu einer öffentlichen Auseinandersetzung. Es geht um die Frage, wessen Mann den höheren Rang einnimmt.

+ Kriemhild übersieht die wartende Brünhild und will unverzüglich das Münster betreten.
– Brünhild maßregelt sie; als Frau eines Lehensmannes müsse sie ihr den Vortritt lassen.

\+ Kriemhild reagiert dadurch, dass sie den Streit auf eine andere Ebene verlagert, die der Intimität und persönlichen Ehre. Auf diese Weise kränkt sie ihre Schwägerin tödlich. Abermals nimmt sie ihr die Möglichkeit einer Reaktion.

3\. Phase: Die Enthüllung des Geheimnisses (S. 29, Z. 37–S. 30, Z. 15)

\+ Brünhild will wissen, was Kriemhilds Aussage bedeutet.

– Kriemhild zeigt ihr Ring und Gürtel.

\+ Brünhild beschimpft sie als Diebin.

– Kriemhild weist diese Anschuldigung zurück und erklärt, dass Siegfried sie zweimal für Gunther bezwungen habe. Und wiederum lässt sie Brünhild stehen.

Der Streit der Königinnen

Beim Turnier

Kriemhild		Brünhild
Provokation	–	Zurechtweisung
Widerspruch	–	Rechtfertigung
Hohn		

Vor dem Münster

Kriemhild		Brünhild
Nichtbeachtung	–	Maßregelung
Behauptung		

Nach der Messe

Brünhild		Kriemhild
Verlangen einer Erklärung	–	Vorlage der Beweisstücke
Beschuldigung	–	Bloßstellung

Die Schülerinnen und Schüler sollen nach der textanalytischen Arbeit an vertiefende Fragestellungen herangeführt werden. Dazu bietet sich zunächst der Kommentar des Erzählers über Kriemhilds Verhalten an: „So verblendet war sie“ (S. 30, Z. 14f.). Die Schüler sollen zunächst diese Beurteilung rechtfertigen.

❐ *„So verblendet war sie.“ Mit welcher Berechtigung kann der Erzähler das sagen?*

Dadurch werden die Schüler zur Rekapitulation der Zusammenhänge und zum Nachdenken über Siegfrieds Schuld veranlasst.

Mit Brünhilds Forderung, der Verräter müsse sterben, ist der Zielpunkt der weiteren Handlung vorgegeben. Die Spannung erweckende Frage betrifft das Wie.

Zunächst sollten die Schüler auf der Grundlage der Analyse den Streit szenisch ausarbeiten, um auf diese Weise zu einem vertieften Verständnis der Personen und ihres Verhaltens zu gelangen.

❐ *„Der Streit der Königinnen“: Schreibt ein Regiebuch und spielt die Szenen.*

Rolle	*Rede*	*Regieanmerkung*
Eines Nachmittags auf dem hohen Balkon		
Kriemhild	Sieh nur, wie die Recken streiten! Aber keiner reicht an Siegfried heran. Er ist der Herrlichste von allen!	Kriemhild ist voller Stolz auf ihren Mann und will Bestätigung haben.
Brünhild	Da magst du Recht haben; aber er ist doch nur ein Dienstmann König Gunthers!	Brünhilds Miene verfinstert sich. Widerwillig gibt sie ihrer Schwägerin Recht, betont aber Siegfrieds minderen sozialen Rang.
Kriemhild	Ich bitte dich, Siegfried ist frei und unabhängig! Überdies: Kein Mann auf Erden kommt ihm gleich!	Kriemhild kann Brünhilds Äußerung nicht fassen. Daher wiederholt und präzisiert sie ihre Aussage.
Brünhild	Du scheinst nicht zu wissen, was du uns schuldig bist! Siegfried hat mir selbst gesagt, er sei Gunthers Knecht. Aber Siegfried hält es mit Eiden ja nicht so genau.	Brünhild will Kriemhild über ihre – vermeintlichen – Pflichten aufklären und spielt auf den Eid an, den er ihr bei der Verlobung geschworen hat.
Kriemhild	Wenn du wüsstest, was Siegfried alles für Gunther getan hat!	Mit diesem Hinweis auf Brünhilds Unwissenheit steht Kriemhild auf und lässt ihre Schwägerin verletzt zurück.
Am anderen Morgen vor dem Münster		
Brünhild	Halt, Kriemhild! Es ziemt sich nicht, dass das Weib eines Lehensmannes vor ihrer Herrin in das Münster geht!	Die gekränkte Brünhild vertritt ihrer Schwägerin den Weg und weist sie öffentlich zurecht.
Kriemhild	Da ist zu viel! Das lasse ich mir nicht bieten! Nun sollst du die Wahrheit hören: Nie wärest du König Gunthers Weib geworden, wenn Siegfried dich nicht dazu gemacht hätte!	Die gereizte Kriemhild lässt sich dazu hinreißen, das Geheimnis auszuplaudern und ihre Schwägerin damit öffentlich zu brandmarken. Sie geht in das Münster, ohne sich um Brünhild zu kümmern, die verstört zurückbleibt.
Nach der Messe. Es kommt zum endgültigen Bruch.		
Brünhild	Nun erkläre mir bitte, was du vorhin gesagt hast.	Brünhild verlangt, dass ihre Schwägerin konkret wird.
Kriemhild	Kennst du den? Und weißt du, was das ist?	Kriemhild zeigt Brünhild den Nibelungenring und den Gürtel.
Brünhild	Du Diebin! Ring und Gürtel hast du mir gestohlen!	Sucht Brünhild einen Weg, wie sie ihre Ehre retten kann? Oder ist sie wirklich völlig ahnungslos?

Kriemhild	Diebin? Du irrst dich! Siegfried nahm dir Ring und Gürtel, als er dich für Gunther niederrang! Er war es auch, der dich in Island bezwungen!	Kriemhild vergisst jegliche Zurückhaltung und demütigt ihre Schwägerin bis zur Vernichtung. Dann geht sie triumphierend weg.
Brünhild	Ich bin fassungslos! Gunther muss mir Rede und Antwort stehen!	Brünhild ist dem Zusammenbruch nahe. Sie fordert Siegfrieds Tod.

Wie Siegfried verraten ward (S. 20–36)

Die Kapitel 10–12 werden wieder im Bericht vermittelt. Einige Aspekte werden thematisiert: Kriemhilds Verhalten, ihre Leichtgläubigkeit Hagen gegenüber, der Mord an Siegfried, warum Brünhild Siegfried in den Tod folgt (S. 35–36).

- ❒ *„Spurensicherung“: Welches Bild würde sich der Mordkommission an der Quelle bieten?*
- ❒ *Haltet ihr Hagen für einen gemeinen Mörder?*

2.4 ❒ Der Burgunder Untergang (S. 36–50)

Nach Siegfrieds und Brünhilds Bestattung kehren die Niederländer in ihre Heimat zurück. Kriemhild aber bleibt in Worms. Sie lässt den Nibelungenhort holen. Da sie sich durch Geschenke Freunde macht, raubt Hagen den Hort und versenkt ihn im Rhein.

Auch dieser Teil der Nibelungensage kann im Wechsel von extensiver und intensiver Analyse behandelt werden.

Wie Kriemhild König Etzels Gemahlin wurde (S. 36–38)

Als – Jahre später – Etzel seine Gemahlin Helge verliert, bittet er Rüdiger von Bechlarn, Kriemhild seine Werbung zu übermitteln. Erst als es ihr gelingt, Rüdiger durch einen persönlichen Eid zu binden (S. 37), nimmt sie Etzels Werbung an. Wichtig ist, dass sie ihn nicht aus Liebe heiratet, sondern um mit seiner Hilfe den Tod Siegfrieds zu rächen.

- ❒ *Arbeitet die Botschaft, die Rüdiger in Etzels Auftrag an Kriemhild überbringt, schriftlich aus.*
- ❒ *Schreibt den Dialog zwischen Kriemhild und Rüdiger auf (S. 37).*

Wie die Burgunder die trügerische Einladung annahmen (S. 38–46)

Einige Jahre nach der Geburt ihres Sohnes äußert Kriemhild den Wunsch, ihre Verwandten einzuladen. Etzel ist darüber erfreut. Hagen wittert Gefahr, und so rät er den Königen, mit starker Heeresmacht nach Ungarn zu ziehen.

An dieser Stelle erhebt sich abermals – wie schon bei der Reise Kriemhilds zu Etzel – das „logistische“ Problem eines solchen Zuges. Deshalb ist eine eingehende Behandlung gerechtfertigt. Bei der Betrachtung des Reiseweges können die Schüler eine Vorstellung von der Weite der Räume, in denen sich das Geschehen abspielt, gewinnen (Z 1: „Schauplätze des Nibelungenliedes“, S. 80/81).

- ❒ *Auf welchem Wege gelangten die Burgunder von Worms nach Ungarn zu Etzel? (Vgl. Z 1)*

Rüdiger (S. 46–48)

Das Geschehen der Kapitel 4–10 (S. 38–46) kann inhaltlich zusammengefasst werden. Rüdigers Situation (S. 46–48) sollte aber eingehend analysiert werden. Zur Vorbereitung können die Schüler Rüdigers Schild und die Übergabe des Schildes an Hagen zeichnerisch darstellen:

❐ *Malt, wie Rüdiger seinen Schild Hagen reicht.*

Schwerpunkt der Besprechung dieses Kapitels sollte die Analyse der Situation sein, in der Rüdiger sich befindet (S. 46–48). Sie ist als „tragisch“ zu bezeichnen. Für die Behandlung auf dieser Altersstufe ist diese Kennzeichnung aber durch das Adjektiv „ausweglos“ zu ersetzen. Dieses ist zu gewinnen aus Rüdigers eigener Darstellung seiner Situation: „Es gibt keinen Ausweg. Was ich auch tun mag, immer tue ich Unrecht“ (S. 46, Z. 33–34).

❐ *Erläutert die Situation, in der sich Rüdiger befindet.*

Die Schüler werden erkennen, dass Rüdiger sowohl Etzel und Kriemhild als auch den Burgundern verpflichtet ist. An jene bindet ihn die Lehnspflicht, an Kriemhild zudem der Eid, den er ihr in Worms geschworen hat; den Burgundern ist er durch Freundschaft, als Gastgeber und als (künftiger) Schwiegervater Giselhers verpflichtet. Diese ausweglose Situation kann in einem Tafelbild dargestellt werden.

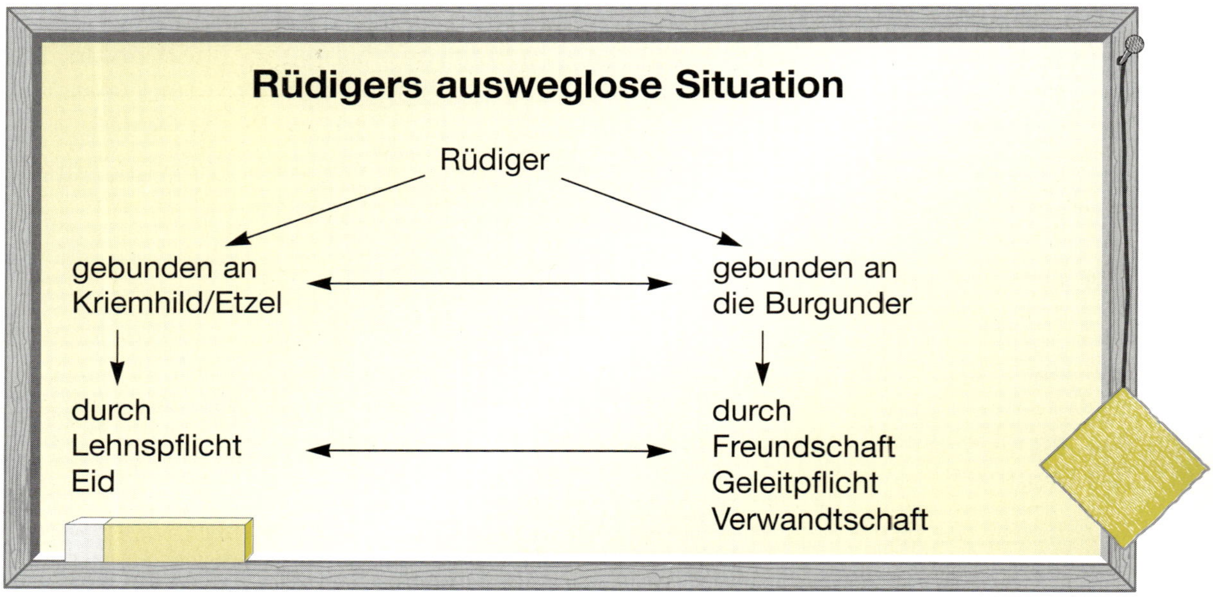

Zu diskutieren ist folgende Frage:

❐ *Warum entscheidet sich Rüdiger gegen die Burgunder?*

Da Etzel und Kriemhild sich unnachgiebig zeigen, kann er nur bei den Burgundern auf Verständnis hoffen. Für diese Vermutung spricht das Verhalten Hagens (Bitte um den Schild, um Rüdiger Gelegenheit zu geben, seine Größe zu beweisen).

Otfrid Ehrismann schreibt in Rechtfertigung von Rüdigers Entscheidung für Etzel und Kriemhild: „[...] Die Entscheidung ist aus verschiedenen juristischen und seelischen Elementen zusammengeflossen: dem vasallitischen Vertrag, dem Eid für Kriemhild, dem Leiden mit ihr und dem König“ (Nibelungenlied. Epoche – Werk – Wirkung. München 1987, S. 188–189).

Des Kampfes Ende (S. 48–50)

Der Ausgang des Geschehens ist im Bericht zu vermitteln oder nachzuerzählen: Der Kampf wird bis zum bitteren Ende fortgeführt. Schließlich sind von den Burgundern nur noch Gunther und Hagen übrig geblieben, von Etzels Vasallen nur Dietrich von Bern und Hildebrand. Dietrich überwältigt sowohl Hagen als auch Gunther, fesselt sie und übergibt sie Kriemhild mit der Bitte sie zu schonen. Ihre Frage nach dem Verbleib des Nibelungenhorts führt schließlich zum Tode beider. Hagen will den Ort aufgrund eines Schwurs nicht verraten, solange noch einer seiner Herren lebt. Als Kriemhild ihm Gunthers Kopf bringt, triumphiert er über sie dadurch, dass er sein Geheimnis nicht verrät. Darauf schlägt sie ihm den Kopf ab.

❒ *Wie endet das Geschehen? Fasst den Schluss der Nibelungensage zusammen.*

Einigen Schülern ist sicher ein anderer Schluss der Nibelungensage bekannt. Wie das Geschehen im „Nibelungenlied“ endet, ergibt sich aus der Zusammenfassung der 39. „Aventuire“[1] (Arbeitsblatt 3, S. 34).

Auch die „Thidrekssaga[2]“ (Die Geschichte Dietrichs von Bern) hat eine eigene Variante des Endes (Arbeitsblatt 3).

Die Schülerinnen und Schüler können alle drei Fassungen des Schlusses miteinander vergleichen und die Unterschiede feststellen. Dabei ist folgendes Ergebnis zu erwarten:

Nibelungensage	Nibelungenlied	Thidrekssaga
Kriemhild tötet Hagen. Sie selbst bleibt am Leben. Das Geschehen geht weiter.	Kriemhild tötet Hagen. Hildebrand erschlägt sie. Etzel und Dietrich bleiben zurück.	Grimhild prüft, ob ihr Bruder Giselher tot ist. Dabei stirbt er. Thidrek tötet Grimhild auf Bitten Attilas. Högni stirbt einen Tag später an seinen Wunden.

1 Das Nibelungenlied. Nach der Ausgabe von Karl Bartsch, hrsg. von Helmut de Boor. 15. Auflage. Wiesbaden 1959: F. A. Brockhaus. S. 363.

2 Die Geschichte Thidreks von Bern. Übertragen von Fine Erichsen. Neuausgabe. Düsseldorf-Köln 1967: Eugen Diederichs Verlag, S. 412f.

Das Ende der Nibelungensage

Baustein 2

Arbeitsblatt 3

Einigen von euch ist sicher ein anderes Ende der Nibelungensage bekannt. Wie das Geschehen im „Nibelungenlied“, einem Epos, das um 1200 im Donauraum gedichtet wurde, endet, ergibt sich aus der Zusammenfassung der 39. Aventiure. Dieses mittelhochdeutsche Wort ist zu „Abenteuer“ geworden. Es wurde im 12. Jahrhundert aus Frankreich entlehnt: „aventure“ beruht auf lat. „adventura“ mit der Bedeutung „Ereignis“, „Begegnung“.

Wie Her Dietrich mit Gunther und mit Hagene streit

Die letzten Kämpfe. Dietrich bewältigt Hagen, zuletzt im Ringkampf, bindet ihn und übergibt ihn Kriemhild. Dann kehrt er zurück und überwältigt Gunther, den letzten Burgunden, auf gleiche Weise. Kriemhild verlangt von Hagen die Auslieferung des Hortes. Er antwortet, solange einer seiner Herren lebe, dürfe er ihn nicht verraten. Da lässt Kriemhild Gunther enthaupten und tritt mit dem toten Haupt vor Hagen. Dieser kostet den letzten Triumph aus: Jetzt weiß nur ich allein, wo der Hort ruht; nie wirst du es erfahren. Kriemhild reißt Siegfrieds Schwert von der Seite des gefesselten Hagen und erschlägt ihn. Hildebrant springt hinzu und führt den sühnenden Streich gegen Kriemhild. Dietrich und Etzel, allein aus dem Blutbad übrig, klagen um die Toten. Land und Volk ist der gleichen Klage voll.

Auch die „Thidrekssaga“ (Die Geschichte Dietrichs von Bern), die Mitte des 13. Jahrhunderts in Norwegen aufgezeichnet wurde, hat eine eigene Variante des Schlusses:

39. Grimhilds Tod

Grimhild ging und holte einen großen Feuerbrand von dem abgebrannten Haus, trat zu ihrem Bruder Gernoz und stieß ihm das lohende Scheit in den Mund, um zu erfahren, ob er tot war oder noch lebte. Aber Gernoz war wirklich tot. Dann ging sie zu Giselher und stieß auch ihm einen Feuerbrand in den Mund. Er war noch nicht tot; aber hiervon starb er. König Thidrek sah, was Grimhild tat, und sprach zu König Attila: „Sieh, wie die Teufelin Grimhild, dein Weib, ihre Brüder, die wackeren Gesellen, zu Tode quält! Wie viele Männer haben ihretwegen ihr Leben gelassen! Wie viele gute Kämpen hat sie vernichtet: Hunen, Ömlungen und Niflungen! Sie würde ebenso dich und mich zur Hel befördern, wenn sie es nur vermöchte.“ König Attila sagte: „Sie ist wahrhaftig ein Teufel. Erschlag du sie! Es wäre eine gute Tat gewesen, wenn du das sieben Nächte vorher getan hättest. Dann wäre manch edler Held gesund, der nun tot ist.“ Da sprang König Thidrek zu Grimhild und hieb sie mitten durch.

Vergleicht die Darstellungen des Endes in den drei Fassungen miteinander und stellt fest, worin sie sich unterscheiden.

Nibelungensage	Nibelungenlied	Thidrekssaga
Kriemhild tötet Hagen	Kriemhild tötet Hagen	Grimhild tötet ...

2.5 ❐ **Die Nibelungen als Film** (S. 51–55)

Im Jahre 1924 wurde in Berlin der Film „Die Nibelungen“ von Fritz Lang aufgeführt: Teil 1: Siegfrieds Tod; Teil 2: Kriemhilds Rache.

❐ *Schaut euch die Fotos genau an und beschreibt, was jeweils zu sehen ist. Schreibt auf, was die Personen in den dargestellten Szenen denken oder sagen könnten.*

Hinweise zur Zuordnung:
S. 51 oben: Siegfried schmiedet sein Schwert.
S. 51 unten: Siegfried begegnet dem Drachen.
S. 52 oben: Siegfried badet im Blute des Drachen.
S. 52 Mitte: Siegfried betrachtet den Nibelungenhort.
S. 52 unten: Brünhild verweigert Kriemhild den Vortritt.
S. 53 oben: Siegfried trinkt an der Quelle.
S. 53 Mitte: Hagen durchstößt ihn von hinten mit dem Speer.
S. 53 unten: Brünhild und Kriemhild trauern an Siegfrieds Bahre.
S. 54 oben: Etzel zeigt sich kampfbereit.
S. 54 unten: Etzels Burg geht in Flammen auf.
S. 55: Kriemhild hält Siegfrieds Schwert in den Händen.

Abschließend sei zitiert, was Peter Wapnewski in einer kurzen Analyse des „Nibelungenliedes“ im Hinblick auf die politische Situation um 1200 als Fazit schreibt:

> „Machttrieb, Ehrgeiz, Verrat und Tod bestimmen das Geschehen der politischen Szene: Da lehrt das ‚Nibelungenlied‘ den, der belehrt sein will, wie im allgemeinen Chaos endet, was im Kampf weniger begann und sich fortsetzte im Hass der Menschen gegen den Menschen und in der Unbarmherzigkeit scheinbar gerechter Rache. Sie sind, ungeachtet punktueller mythischer Überhöhung, durchaus menschliche Menschen: Siegfried, der sportliche Held, schön und töricht; Brünhild, stolz und verletzlich; Kriemhild, hold, ahnungslos und eigensinnig; Gunther, labiler Taktiker; Hagen, Machtpolitiker aus dem Prinzip Vasallität – sie alle wachsen in der Furchtbarkeit eines von ihnen nicht gewollten, aber doch provozierten Schicksals furchtbar über sich hinaus, und da ist nicht einer, der seine ursprüngliche Menschlichkeit nicht preisgibt in diesem Meer des schicksalhaft-eigenverschuldeten Untergangs“ (Das ZEIT-Buch der 100 Bücher. A.a.O., S. 56f.).

❐ *Seid ihr der Meinung, dass sich die Beschäftigung mit der Nibelungensage gelohnt hat? Begründet eure Meinung.*

Notizen

Parzival

3.1 ❒ Leben im Mittelalter

Die Geschichte von Parzival beruht auf dem gleichnamigen höfischen Epos Wolframs von Eschenbach (um 1170 bis nach 1220), dessen Vorlage der „Perceval" des französischen Epikers Chrestien de Troyes (vor 1150 bis vor 1190) war. Es ist anzunehmen, dass in den Schülerinnen und Schülern der Altersstufe, an die sich die vorliegende Textsammlung wendet, ein nicht nur vordergründiges Interesse geweckt wird. Nach anfänglicher Befremdlichkeit könnte das Rittertum in seiner Andersartigkeit für sie zu einer Welt werden, in deren „Geheimnisse" sie eindringen möchten.

Als Einstieg in den Stoffbereich empfiehlt sich das schon bei der Nibelungensage verwendete Verfahren. Eine kleine Gruppe liest den gesamten Text und stellt ihn der Klasse vor. Dabei ergeben sich Interessenschwerpunkte, die ihren Ausdruck in Fragen finden, die sich auf das Rittertum beziehen. Fragen wie die nach König Artus und dem Gral können vorerst zurückgestellt werden. Sie finden ihre Beantwortung bei der Analyse des Textes.

Es ist auch anzunehmen, dass die Schülerinnen und Schüler aus historischen Actionfilmen des Fernsehens eine Vorstellung von der Welt und von der Lebensweise der mittelalterlichen Ritter gewonnen haben. Um sie bei ihrem Vorwissen „abzuholen" und gleichzeitig sachliches Basiswissen aufzubauen, kann am Beginn der Unterrichtsreihe die Erarbeitung eines Textes über Aspekte des Lebens im Mittelalter stehen (Arbeitsblatt 4, S. 37 und Zusatzmaterial 2, S. 82f.).

Um sich die mittelalterliche Welt in ihrer Eigenart am Beispiel vorzustellen, sollten die Schüler einmal überlegen, wie sich der Tagesablauf eines gleichaltrigen Menschen aus der Zeit um 1200 von dem ihrigen unterschied.

❒ *Leben im Mittelalter, Leben heute. Schreibe einen informierenden Text, in dem du Bildung und Erziehung sowie Essen und Trinken beider Zeiten vergleichend einander gegenüberstellst.*

Leben im Mittelalter

Bildung und Erziehung

1. Die Bildung eines Ritters:

____

____

2. Die Ausbildung der Knaben:

____

____

3. Die Erziehung der Mädchen:

____

____

Hausrat, Essen und Trinken

1. Regeln der Esskultur:

____

____

2. Tafelgerät:

____

____

3. Nahrungsmittel:

____

____

4. Mahlzeiten:

____

____

5. Getränke:

____

____

6. Küchengerät:

____

____

Notiere in Stichworten oder kurzen Sätzen, was du über das Leben im Mittelalter erfährst.

Leben im Mittelalter (mögliche Lösung)

Bildung und Erziehung

1. Die Bildung eines Ritters:
   - dem ritterlichen Leben angepasst
   - keine Buchgelehrsamkeit
   - viele Ritter konnten weder lesen noch schreiben
2. Die Ausbildung der Knaben:
   - vom 7. bis zum 14. Lebensjahr: Page (auf der elterlichen Burg)
   - Unterricht in Reiten, Fechten, Schwimmen, höfischer Lebensart
   - vom 14. bis zum 21. Lebensjahr: Knappe (auf fremder Burg)
   - Unterweisung in Waffenhandwerk und Jagd
   - Ausbildung auch in Tanz, Brettspielen, Gesang und Musik
   - zum Abschluss: Aufnahme in den Ritterstand durch „Ritterschlag"
3. Die Erziehung der Mädchen
   - Aufgabe der Burgherrin und Zuchtmeisterin
   - Vorbereitung auf die künftige Rolle einer Dame

Hausrat, Essen und Trinken

1. Regeln der Esskultur
   - nicht mit vollem Munde sprechen oder trinken
   - nicht hastig essen oder anderen die besten Stücke wegnehmen
   - ein Stück Fleisch mit drei Fingern nehmen und auf Brot legen
   - Speise mit Fingern oder mit dem Messer zum Munde führen
   - vor und nach der Mahlzeit die Hände waschen
   - zu Beginn und am Ende wird ein Gebet gesprochen
2. Tafelgerät
   - Adel: Tischgerät aus Gold, Silber und Glas aus Venedig
   - einfache Bevölkerung: Gefäße aus Holz, Ton oder Waldglas
   - wohlhabende Bürger: Geschirr aus Zinn
3. Nahrungsmittel: unverändert seit Karl d. Gr. (768–814)
   - Fleisch, Milch, Eier
   - Hafer-, Gersten-, Roggen- und Weizenbrot
   - Hauptnahrungsmittel: Brei
   - Fisch: in vielen Arten und großen Mengen
4. Mahlzeiten:
   - zwei Mahlzeiten: morgens nach der Messe und gegen Abend
   - um die Mittagszeit: kleiner Imbiss
5. Getränke:
   - untere Schichten: Bier und Met
   - Ritter: Wein
6. Küchengerät
   - Töpfe auf drei Füßen, auf Untersätzen oder am Kesselhaken
   - Leuchter, Salzfässer, Mörser

Textauswahl und Methode: Würde man einen Text vom Umfang des „Parzival" von Anfang bis Ende in gleicher Ausführlichkeit besprechen, würde sich bei den jungen Lesern unweigerlich Langeweile einstellen. Daher sind Akzente zu setzen. Im Wechsel von extensiver und intensiver Behandlung können sie einen Überblick über das Ganze der Handlung und vertieften Einblick in zentrale Fragen gewinnen. Damit die Schüler nicht den Überblick über die auftretenden Personen verlieren, sollten sie in einer genealogischen Skizze veranschaulichen, wie die wichtigsten Personen der Handlung miteinander verwandt sind. Sie sollten damit bei Beginn der Lektüre anfangen und fortlaufend an der Vervollständigung arbeiten. Erst mit der Einbeziehung von Parzivals Halbbruder Feirefis und dessen Heirat mit Repanse wird sie vollendet sein.

- *Legt einen Stammbaum der Familie an, zu der Parzival gehört, und vervollständigt ihn im Laufe der Lektüre.*

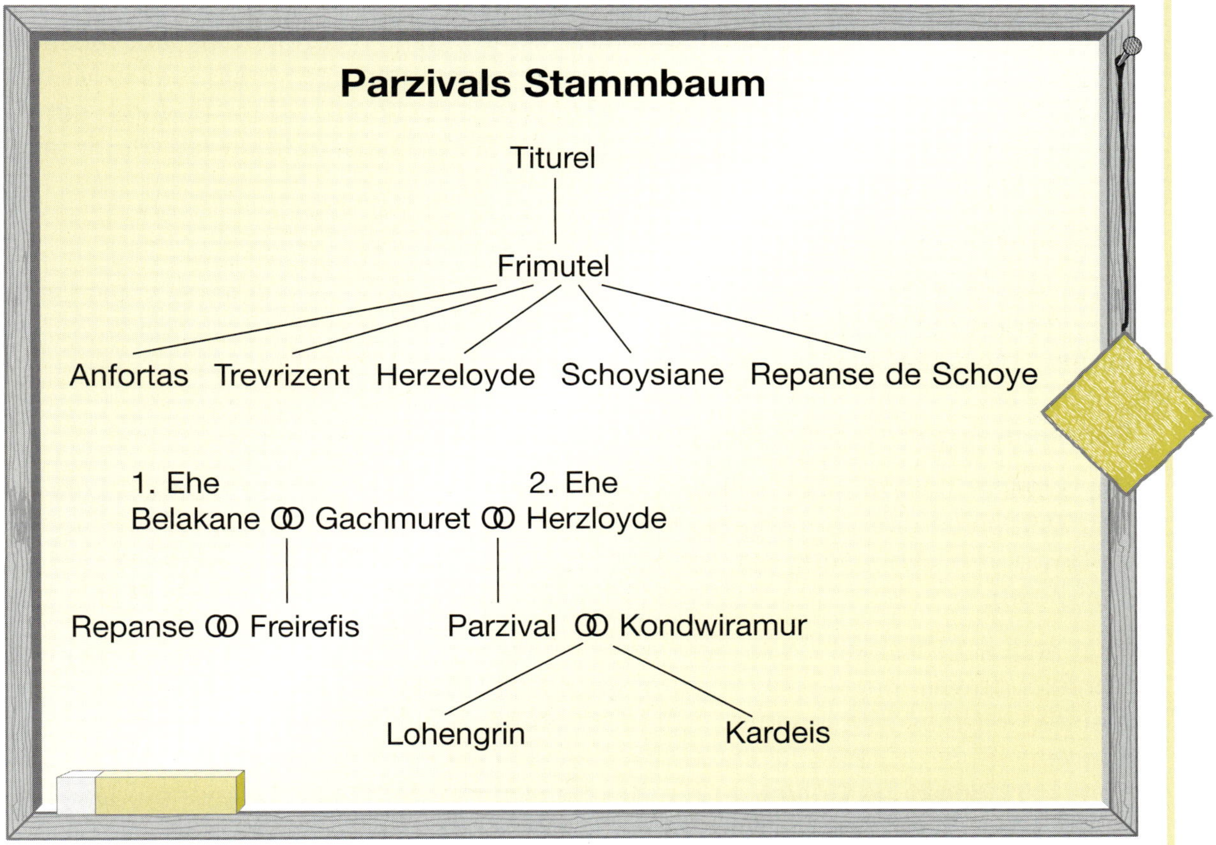

Der folgende Vorschlag einer Textbehandlung legt den Akzent auf den Bildungs- oder Reifungsprozess, den Parzival durchläuft. Mit der Wahl dieses Ausdrucks soll keineswegs behauptet werden, der Geschichte liege das Schema eines „Bildungsromans“ zugrunde. Entscheidend für die Erlangung der Würde des Gralskönigs ist nämlich die Berufung, und diese hängt mit der Zugehörigkeit zu einer bestimmten Familie zusammen.

Parzivals Aufbruch zum Rittertum (S. 58–60)	–	Analyse
Herzeloydes Lehren (S. 58–59)		
Unser törichter Knabe (S. 60–64)	–	Bericht. Sachfrage: Wer ist König Artus?
Die Lehren des Gurnemanz (S. 64–68)	–	Analyse
Parzivals Versagen auf der Gralsburg (S. 68–83)	–	Bericht
Belehrung durch Trevrizent (S. 83–88)	–	Analyse. Sachfrage: Was ist der Gral?
Parzivals Berufung zum Gralskönig (88–96)	–	Bericht

3.2 ❐ **Parzivals Abenteuer** (S. 57–68)

Es ist Parzivals Weg zur Würde des Gralskönigs, den der Text nachzeichnet. Die Gawanhandlung tritt bei der vorliegenden Fassung in den Hintergrund. Sie spielt nur insofern eine Rolle, als sie für Parzival von Bedeutung ist. Um einen ersten Überblick über den Ablauf der Handlung zu gewinnen, beschäftigt sich die Lerngruppe mit der Frage, wie das Geschehen aufgebaut ist.

Bei ihrer Klärung erweist sich, dass die Wendepunkte von besonderer Bedeutung sind. Im Zusammenhang damit sind die Belehrungen zu sehen, die Parzival zuteil werden. Drei Personen sind es, die ihm Lebensregeln vermitteln: seine Mutter, der Ritter Gurnemanz und sein Onkel Trevrizent. Zweimal wird er dadurch schuldig, dass er eine Regel wörtlich befolgt; erst die letzte Belehrung hat für ihn eine tief greifende Wirkung.

Die Kapitelüberschriften bieten eine erste Orientierung.

Parzivals Vater Gachmuret war zweimal verheiratet. Mit der Mohrenkönigin Belakane hat er den Sohn Feirefis, mit Herzeloyde den Sohn Parzival. Beide Söhne lernen ihren Vater nicht kennen („Gachmuret“).

Parzivals Aufbruch zum Rittertum (S. 58-60)

Die Schüler sollten sich zunächst klar machen, dass Herzeloyde ihren Sohn in der Waldeinsamkeit aufwachsen lässt, um ihn vor dem Schicksal seines Vaters zu bewahren. Sie sollten sich sodann fragen, wie sich Parzivals Lernen vollzieht (S. 57–58).

In „Parzivals Kindheit“ wird der Versuch einer „negativen Erziehung“ vermittelt. Herzeloyde will ihren Sohn vom Rittertum fernhalten: „Alles das tat sie, weil sie meinte, auf diese Weise ihren Sohn vor Gefahren und frühem Tod bewahren zu können“ (S. 57, Z. 23–25). Ihr Konzept weist damit denselben Fehler auf wie andere pädagogische Entwürfe, die die Bedeutung der Gene verkennen. Der Besinnung auf diese Phase dient folgende Frage:

❐ *Auf welche Weise lernt Parzival in seiner Kindheit?*

Parzival lernt in der Einsamkeit auf dreifache Weise:
- durch das Erlebnis des sinnlich Wahrnehmbaren: der Pflanzen und Tiere (S. 57, Z. 29–32);
- durch Anleitung: dadurch, dass die Knechte ihm zeigen, wie Pfeil und Bogen gemacht werden (S. 57, Z. 32–34);
- durch das Gespräch mit seiner Mutter. Er sucht es, weil in ihm Anlagen zur Entfaltung kommen, Kräfte reifen, das Gefühl der Sehnsucht erwacht. In Frage und Antwort wird schließlich „definiert“, was Gott ist (S. 58, Z. 9–17).

Als Herzeloyde Gott erwähnt, stellt Parzival die Frage: „Oh, Mutter, was ist denn Gott?“ (S. 58, Z. 14–15). Sie bezieht sich auf das Wesen dessen, den die Mutter als höhere sittliche Instanz genannt hat. Ihre Antwort erfolgt in einer Reihung von drei kurzen Aussagesätzen. Die ersten beiden sind Kennzeichnungssätze; sie definieren Gott über Teilaspekte seines Wesens: „Gott ist licht, Gott ist gut.“ Die dritte Aussage erscheint in der Form eines Vorgangssatzes und verweist auf das, was Gott seinem Wesen gemäß tut: „Gott hilft.“ Es ist fraglich, ob Parzival diese Wesensbestimmung wirklich versteht. Ihr Sinn geht wohl auch über Herzeloydes Vorstellungen hinaus. Dass Parzival sich die Sätze eingeprägt hat, geht daraus hervor, dass er wiederholt auf sie Bezug nimmt (S. 58, Z. 27–31; S. 81, Z. 2; S. 85, Z. 8).

„Gott ist licht" deutet zum einen hin auf sein immaterielles Wesen, zum anderen auf seinen Gegensatz zum Bösen, das als „dunkel" zu kennzeichnen ist. „Gott ist gut" betont eine Qualität, die nach der mittelalterlichen Transzendentalienlehre auch dem Sein zukommt: „Ens et bonum convertuntur" (Das Sein und das Gute sind wesensgleich und daher austauschbar). In Gott ist das höchste Gut verkörpert (summum bonum).

Frage	Antwort	
„Was ist denn Gott?"	„Gott ist licht, Gott ist gut." „Gott hilft."	Wesen Wesen Verhalten

Es ist verständlich, dass es nur eines äußeren Anstoßes bedarf, um Parzivals genetisches Erbe zur Entfaltung zu bringen. Die Schüler sollten untersuchen, wie Parzival sich verhält, als er den drei Rittern begegnet, und welche Folgen das für sein weiteres Leben hat: „Parzivals Aufbruch zum Rittertum" (58–60). Hier liegt der erste Wendepunkt in seinem Leben, und damit beginnt eine Reihe von Abenteuern. Man kann diesen Abschnitt seines Lebens bis zu dem Zeitpunkt bemessen, da er Gurnemanz als „ein gut erzogener Ritter" verlässt (S. 68, 12–13). Eine andere Überlegung kann die Grenze später legen, und zwar nach Parzivals Versagen auf der Gralsburg. Damals nahm er sich vor zurückzureiten und seinen Fehler wieder gutzumachen (S. 76, 6–7).

- *Untersucht die Gespräche Parzivals mit den Rittern und mit seiner Mutter. Wie kommen sie zustande? Um welche Thematik geht es? Welche Folgen haben sie?*

Die Schüler können sowohl die Begegnung mit den drei Rittern (S. 58, Z. 19–S. 59, Z. 5) als auch das sich anschließende Gespräch mit seiner Mutter (S. 59, Z. 5–26) dialogisch ausarbeiten und szenisch darstellen:

- *Gestaltet die Begegnung Parzivals mit den Rittern und das Gespräch, das er mit seiner Mutter führt, als Regiebuch. Spielt die Szenen anschließend.*

Parzivals Aufbruch bricht seiner Mutter das Herz; aber er bemerkt es nicht, und so wird er schuldig an ihrem Tode, ohne es zu wissen.

Kinder und Jugendliche lernen auf vielfältige Weise und durch unterschiedliche Instanzen. Zu diesen gehört neben der Familie und der Schule die Gesellschaft, die den Menschen zum einen durch das soziale Umfeld, zum anderen heute auch durch die Medien nahezu ständig beeinflusst. Was machen da ein paar Ratschläge aus, wie sie Mütter ihren Kindern beispielsweise morgens mit auf den Weg zur Schule geben? Diese Überlegungen lassen auch Zweifel an der Wirksamkeit jener Regeln aufkommen, die Herzeloyde ihrem Sohn mit auf den Weg gegeben hat.

Unser törichter Knabe (S. 60–64)

Das Kapitel „Unser törichter Knabe" bedarf einer intensiven Analyse. Zunächst verschaffen sich die Schüler dadurch Übersicht, dass sie die Handlung gliedern.

Inhaltliche und formale Gesichtspunkte (adverbiale Bestimmungen) lassen eine Abfolge von Begegnungen unterscheiden: Parzival und Jeschute (S. 60, Z. 20–S. 61, Z. 21 bzw. 29), Parzival und Sigune (S. 61, Z. 30–S. 62, Z. 23), Parzival und Ither (S. 62, Z. 23–S. 63, Z. 3), Parzival am Artushofe (S. 63, Z. 3–S. 64, Z. 9), Parzival und Ither (S. 64, Z. 10–31).

- *Verschafft euch einen Überblick über die Begegnungen Parzivals mit anderen Menschen, indem ihr den Text gliedert.*

Die erste Phase dieses Kapitels gibt den Schülern Gelegenheit, Herzeloyds Erziehungsprogramm, das drei Punkte aufweist, zu erfassen und zu diskutieren, welchen Wert es für die Bewältigung damaliger Lebenssituationen hatte:
- „Meide ungebahnte Wege und dunkle Furten ...“ (S. 60, Z. 20–26),
- „Wenn du einen weisen Mann triffst, so bitte ihn, dass er dich belehrt ...“ (S. 65, Z. 3f.),
- „Wenn du von einer edlen Frau Gruß und Ring erhalten kannst, so zögere nicht, sondern nimm ...“ (S. 60, Z. 34–S. 61, Z. 21).

In wörtlicher Befolgung der letztgenannten Regel benimmt sich Parzival bei Jeschute völlig falsch. Hier wird die Richtigkeit eines pädagogischen Grundsatzes offenbar: „Teach me and I remember.“ Parzival raubt Jeschute Ring und Kuss und bringt Leid über sie, da Orilus sie des Treuebruchs verdächtigt.

- *Wie ist es zu erklären, dass Herzeloydes Regeln ihrem Sohn so wenig helfen?*

„Zum zweiten Male unschuldig schuldig geworden“ ist Parzival, wie der Erzähler betont. Ein drittes Mal wird er bald darauf dadurch schuldig, dass er Ither tötet. Zunächst begegnet er Sigune, die den Kopf ihres toten Verlobten im Schoß hält. Sie erkennt Parzival als ihren Vetter und klärt ihn über seine Herkunft auf. Als er erfährt, dass sich Orilus die Länder Herzeloydes angeeignet und Sigunes Verlobten getötet hat, will er gegen ihn kämpfen. Sigune aber weist ihn auf einen anderen Weg, und der führt ihn zu König Artus.

Vor der Stadt Nantes, in der Artus Hof hält, trifft er auf Ither, der auch „der rote Ritter“ genannt wird. Es kommt zu einem Dialog zwischen den beiden, und Parzival zieht mit einer Botschaft des Ritters in die Stadt.

Die nächste Phase beschreibt, wie Parzival die Welt des Königs Artus erlebt. Er bittet darum, gegen Ither kämpfen zu dürfen, wozu Artus schließlich seine Einwilligung gibt. Eine komische Situation ist oft Anlass zum Lachen. Der eklatante Widerspruch, der zwischen Parzivals Narrenkleid und der höfischen Umgebung einerseits sowie zwischen dem Narrenkleid und dem edlen Äußeren seines Trägers besteht, reizt die Hofdame Kunneware zum Lachen. Dafür versetzt Seneschall Keye ihr einen Schlag auf den Rücken. Sie hatte geschworen, nicht eher zu lachen, „als bis sie den größten Helden gesehen hätte“ (S. 63, Z. 27–28). Damit wird sie zur Prophetin, ohne dass es in dem Augenblick erkannt wird. Und der Ritter Antanor, der nicht sprechen wollte, „als bis Kunneware gelacht hätte“ (S. 63, Z. 37), findet die Sprache wieder und prophezeit Keye Vergeltung für sein rüdes Benehmen. Dafür erhält er unverzüglich eine Ohrfeige. Parzival nimmt sich vor, beiden Genugtuung zu verschaffen (vgl. S. 78, Z. 30–S. 79, Z. 3).

Die erneute Begegnung mit Ither bringt schwere Schuld über Parzival: Er tötet ihn auf unritterliche Weise. Die Schüler sollten die Einschätzung dieser Tat durch den Erzähler am Text erarbeiten. Dem Erzähler stehen zwei Möglichkeiten zur Verfügung, seine Meinung über einen Sachverhalt zum Ausdruck zu bringen: immanent wertende Darstellung und direkte Beurteilung. Einen deutlichen Hinweis enthält die Beschreibung, wenn es heißt, Parzival stach dem Ritter „wider allen ritterlichen Brauch“ mit seinem Kinderspeer durch die Augen (S. 64, Z. 15–16). Direkte Wertung kommt dadurch zum Ausdruck, dass der Erzähler spezifische Wörter wählt. So spricht er von „Mord“ (statt von „Tötung“) und von „Leichenraub“. Damit erhebt er zwei schwere Vorwürfe gegen Parzival. Kommentierend sagt er abschließend, Parzival habe „ein großes Unrecht“ an Ither begangen, sein Eintritt in die Welt sei „mit schwerer Schuld“ verknüpft (S. 64, Z. 24–31).

- *Wie bringt der Erzähler seine Meinung über Parzivals Verhalten gegenüber Ither zum Ausdruck?*

Was aus der Sicht eines beobachtenden Erzählers berichtet wird, kann in Darstellungen von Augenzeugen, also aus persönlicher Sicht, nacherzählt werden. Verschiedene Perspektiven bieten sich dazu an, besonders die von Kunneware, von Keye und von Antanor.

- *Kunneware erzählt: Warum ich plötzlich lachen musste.*
- *Antanor: Warum ich mein Schweigen brach.*

Um die Unwissenheit Parzivals deutlich zu machen, sollte seine Begegnung mit Ither einmal aus seiner Sicht erzählt werden.

- *Parzival erzählt: Wie ich Ither bezwang.*

Beschreibe eine Rüstung.

- *Worin siehst du die Vorteile, worin die Nachteile, die mit dem Tragen einer Rüstung verbunden sind? (vgl. Z. 3, S. 84)*

Im Zusammenhang mit diesem Kapitel ist auch eine Sachfrage zu klären: Wer ist König Artus? Es ist zunächst nicht erforderlich, dazu ein Lexikon zu Rate zu ziehen bzw. von Sekundärliteratur auszugehen. Es genügt, wenn die Schüler die Stellen auswerten, an denen von Artus die Rede ist. Das Arbeitsblatt 5 (S. 44) weist sie nach. Die Schüler können sich – in Einzelarbeit – damit beschäftigen und abschließend einen Lexikonartikel verfassen, in dem sie die Einzelheiten verknüpfen.

Wer ist König Artus?

Mehrmals kommt Parzival zu König Artus. Was erfährst du im Text über ihn? Schreibe auf, was an folgenden Stellen mitgeteilt wird.

S. 58, Z. 38–S. 59, Z. 3: ______________________________

S. 62, Z. 23–S. 64, Z. 9: ______________________________

S. 79, Z. 20–S. 80, Z. 34: ______________________________

S. 89, Z. 38–S. 91, Z. 12: ______________________________

S. 92, Z. 27–S. 94, Z. 4: ______________________________

Halte die wesentlichen Ergebnisse in kurzen Aussagesätzen fest.

- König Artus verleiht Ritterschaft.
-
-
-
-

Schreibe nun aufgrund dieser Einzelheiten einen zusammenfassenden Text und übertrage ihn ins Heft:

König Artus hält Hof in der Stadt Nantes in Frankreich. ______________________________

Die Schüler halten fest, was an den angegebenen Stellen über König Artus mitgeteilt wird. Ihre Zusammenfassung zu einem Lexikonartikel könnte folgende Informationen enthalten:

> Der Hof des Königs Artus befindet sich in der Stadt Nantes in Frankreich. Artus verleiht Ritterschaft, indem er einen Knappen oder einen jungen Ritter in seine Tafelrunde aufnimmt. Die berühmtesten Ritter des Abendlandes sind in ihr vereinigt. Auch vornehme Damen gehören zu dem Hofstaat. König Artus schlägt sein Lager an verschiedenen Orten auf. Dort werden auch Turniere durchgeführt und Feste gefeiert. Nach einer Zusammenkunft ziehen die Ritter hinaus in die Welt um Abenteuer zu bestehen. Von Zeit zu Zeit kehren sie wieder in die Tafelrunde zurück.

Über König Artus informiert Helmut de Boor: Die höfische Literatur. München 1953, S. 63–64.

Die Lehren des Gurnemanz (S. 64–68)

Am Abend des Tages, an dem er Ither getötet hat, erreicht Parzival die Burg des Fürsten Gurnemanz. Vierzehn Tage bleibt er dort. Als „ein unerfahrener, törichter Knabe“ kam er an, als „ein gut erzogener Ritter“ verlässt er sie (S. 68, Z. 12–18). Die Schüler können die Burg gleichsam mit den Augen Parzivals sehen und beschreiben: „Wie er weiterritt, wuchs vor seinen Blicken langsam die ganze Burg auf ...“ (S. 64, Z. 33–34).

Eingedenk eines der Ratschläge seiner Mutter grüßt Parzival den Herrn der Burg und bittet ihn um Rat und Belehrung. Gurnemanz erkennt bald, „dass sein junger Gast völlig unerzogen“ ist. Die Schüler widmen sich dem Text unter folgender Fragestellung:

- *Wie baut Gurnemanz seinen „Lehrgang“ auf, um das angestrebte Erziehungsziel eines gut erzogenen Ritters zu erreichen?*

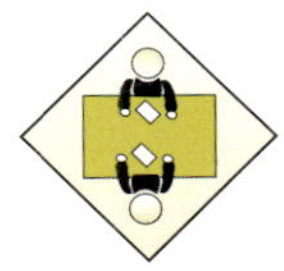

- *Stellt fest, welche Übereinstimmungen zwischen den Regeln des Gurnemanz und den Ausführungen über die Aspekte des Lebens im Mittelalter bestehen (vgl. Arbeitsblatt 4, S. 37).*

Die Ergebnissicherung kann auf Folie erfolgen:

> Die Lehren des Gurnemanz
>
> Tischregeln (S. 65, Z. 29–34):
> - Man darf sich nicht den Teller zu voll füllen.
> - Man darf sich nicht die größten Stücke nehmen.
> - Man darf nicht zu hastig und nicht zu viel essen und trinken.
>
> Verhalten in der Gesellschaft (S. 65, Z. 35–S. 66, Z. 19):
> - Man muss zuhören, man darf sich nie vordrängen.
> - Man soll nicht viel fragen,
> - nicht immer von seiner Mutter sprechen,
> - im Wesen ausgeglichen, beherrscht und heiter sein,
> - anderen gegenüber unaufdringlich und höflich sein.
>
> Verhalten im Kampf (S. 66, Z. 19–35):
> - Man darf auch das Kämpfen nicht übertreiben.
> - Man darf nicht um jeden Preis Streit suchen.

- Nur für ein hohes Ziel darf man kämpfen: für Gott,
- für den Lehnsherrn, für Bedrängte, Schwache, Hilfslose, Arme.
- Gegenüber einem besiegten Feind soll man großherzig sein.
- Nach dem Kampf soll man sich der Dichtung und der Musik widmen und die Geselligkeit pflegen.

Einstellung zu den irdischen Gütern (S. 66, Z. 36–S. 67, Z. 11):
- Man soll sein Herz nicht an vergängliche Güter hängen.
- Wichtig ist ein guter Charakter.
- Mitleid mit den Leidenden und Armen ist die höchste Tugend.
- Man darf nicht versäumen Not zu lindern.
- Aber auch hier kommt es auf das rechte Maß an: Geiz und Verschwendung sind beide falsch.

Liebe (S. 67, Z. 12–22):
- Das Beste ist, „mit einer guten Frau in rechter Ehe leben".

Kampfspiele (S. 67, Z. 23–35):
- Man muss die Kunst des Reitens beherrschen
- und den rechten Gebrauch der Waffen.

Im Umgang mit der Tochter des Burgherrn und den anderen Frauen lernt Parzival, „was sich ziemt". Gurnemanz hätte ihn gern als Schwiegersohn bei sich behalten, aber es zieht ihn wieder fort.
Die Schüler können in Gruppenarbeit über das Erziehungsprogramm sprechen. Dabei sollten sie sich fragen, welche Lehren bis heute ihre Gültigkeit behalten haben.

❐ *Wie hatte ein Ritter zu leben?*

❐ *Ist alles, was Parzival bei Gurnemanz lernt, „von gestern"?*

3.3 ❐ **Parzivals Weg zum Gralskönigtum** (S. 68–96)

Die folgenden Kapitel (S. 68–83) können in einem genauen Bericht zusammengefasst werden:

❐ *Parzival erzählt, was sich auf der Gralsburg zugetragen hat und warum er die erlösende Frage nicht gestellt hat (S. 68–83).*
Schreibe die Erzählung auf.

Parzival gewinnt Kondwiramur zur Frau („Parzival und Kondwiramur"), nimmt aber Abschied von ihr, um seine Mutter zu besuchen. Auf der Gralsburg versagt er, als er in Erinnerung an eine Regel aus dem Erziehungsprogramm von Gurnemanz versäumt, den kranken Gralskönig durch eine mitleidsvolle Frage zu erlösen („Parzivals Versagen auf der Gralsburg"). So muss er sich beim Verlassen der Gralsburg als „mitleidsloser Mensch" beschimpfen lassen. Von Sigune erfährt er, was es mit dem Gral auf sich hat und warum sein Onkel Anfortas leiden muss. Als er ihr eingesteht, dass er auf der Burg war, die erlösende Frage aber nicht gestellt hat, verflucht sie ihn. Bei seinem Umherirren begegnet Parzival auch Orilus und Jeschute. Er besiegt den Räuber seiner Länder und versöhnt ihn wieder mit seiner Frau („Parzival macht sein Verschulden an Jeschute wieder gut").

Getrieben von dreifacher Sehnsucht (nach dem Gral, nach seiner Frau und nach seiner Mutter) gelangt er in die Nähe des Lagers von König Artus und besiegt

Keye („Von Parzivals dreifacher Sehnsucht"). Von Gawan lässt er sich zur Tafelrunde führen. Er wird in den Kreis der berühmten Helden aufgenommen, doch kurze Zeit darauf erscheint die Gralsbotin Kundrie und verflucht ihn wegen seines Verhaltens auf der Gralsburg („Parzivals Ehrentag und Kundries Fluch"). Er nimmt Abschied und gelobt seine Ehre wieder herzustellen.

Parzival gerät in eine tiefe Krise und sagt sich von Gott los. Er will den Gral nun aus eigener Kraft erringen. Damit hat sein Leben abermals einen Wendepunkt erreicht („Wie Parzival Gott den Dienst aufsagte").

Die Schüler und Schülerinnen beantworten zur Ergebnissicherung folgende Frage:

❐ *Warum sagt Parzival sich von Gott los? (S. 68–83)*

Auf seinen Irrfahrten begegnet er ein drittes Mal Sigune: Den Weg zur Gralsburg findet er trotz ihres Hinweises nicht („Wie Parzival den Gral suchte ohne Gott und ihn nicht fand").

Belehrung durch Trevrizent (S. 83–88)

Am Karfreitag begegnet Parzival dem Ritter Kahevis, der sich mit seiner Familie auf einem Bußgang befindet. Er schildert ihm sein Verhältnis zu Gott, folgt aber nicht der Einladung des Ritters, sich ihm anzuschließen. Eine Wandlung in seiner Haltung deutet sich jedoch dadurch an, dass er seinem Pferd die Zügel überlässt und sagt: „Nun geh, wie Gott dich führt." (S. 84, Z. 25–26). So kommt er zu Trevrizent, seinem Oheim (Bruder seiner Mutter), bei dem er weitere fünfzehn Tage bleibt. Am Ende kann der Erzähler sagen, Parzival „ließ seinen Trotz und seinen Eigenwillen fahren und ergab sich ganz in Gottes Willen" (S. 88, Z. 10–12). Dadurch kommt es zu einem weiteren Wendepunkt in seinem Leben („Wie Parzival durch die Hilfe von Kahevis und Trevrizent die Demut lernte").

Für die Erschließung des Kapitels erhebt sich damit die Frage, wie dieser Wandel zustande kommt.

Die Schüler erhalten zur Unterrichtsvorbereitung die Aufgabe, den Text zu lesen. Für eine Partnerarbeit wird ihnen folgende Aufgabe gestellt:

❐ *Nehmt eine Gliederung vor, um eine Übersicht über den Ablauf zu gewinnen (S. 83–88).*

1. Zunächst lernen Ritter und Klausner einander kennen. Dabei prallen Meinung und Gegenmeinung aufeinander. Parzival gesteht, dass er Gott hasse, worauf Trevrizent ihn einen Toren schilt und ihm erklärt, dass man Gott mit Trotz und Hass nichts abgewinnen kann. Trevrizent hofft auf die befreiende Wirkung des Gesprächs; Parzival möge ihm erzählen, was ihn bedrückt.
2. Parzival fasst seinen Kummer in einem Satz zusammen: „Meine höchste Not betrifft den Gral und dann sehne ich mich nach meinem Weibe" (S. 85, Z. 23–24). Daraufhin belehrt Trevrizent ihn über die heilsame Wirkung ehelicher Liebe und den Gral.
3. In der nächsten Phase wird mitgeteilt, dass die beiden einander als Onkel und Neffen erkennen. Nun muss Parzival erfahren, welch schwere Schuld auf ihm lastet: Er hat Ither ermordet und den Tod seiner Mutter verschuldet (S. 86, Z. 14–33).
4. Trevrizent erzählt dem erschütterten Neffen von seiner Familie: der Schuld des Anfortas und dem Versagen jenes Ritter (S. 86, Z. 34–S. 87, Z. 23).

5. Parzival teilt ihm mit, dass er es war, der die erlösende Frage versäumt habe. Trevrizent ist darüber zwar erschrocken; doch Parzivals Schuldgefühl veranlasst ihn, ihm nicht zu zürnen, sondern auf Christi Erlösungstat hinzuweisen.

Nach seiner Mutter und dem Ritter Gurnemanz ist Trevrizent also der dritte Mensch, von dem Parzival Belehrung erhält. Zum einen betrifft sie den Gral, zum anderen seine Familie. Aus dieser Begegnung ergibt sich ein neuer Wendepunkt in Parzivals Lebenskurve. Hatte Gurnemanz ihm „Bildungswissen" vermittelt, gewinnt er bei Trevrizent „Heilswissen" (um in den Kategorien des Philosophen Max Scheler zu sprechen).

Der Ergebnissicherung dient Arbeitsblatt 6 (S. 49): Was ist der Gral?

Der Lexikonartikel verzichtet auf ausgesprochen persönliche Informationen (wie des Anfortas Liebe zu Orgeluse). Er sollte folgende Angaben enthalten:

> Der Gral war ursprünglich die Schale, in der Joseph von Arimathia das Blut auffing, das aus der Seite Christi floss. Er wurde aus einem einzigen Stein gehauen, der vom Himmel fiel. Er gilt als das höchste Heiligtum der Christenheit und er wird auf der Burg Montsalvatsch aufbewahrt. Repanse trägt ihn. Am Karfreitag bringt die himmlische Taube eine Oblate zum Gral. Diese gibt ihm die Kraft, Speise und Trank zu spenden. Was sich ein Gast bei seinem Anblick an Speise und Trank wünscht, das gewährt ihm der Gral. Der Name des Ritters, den Gott zum Gralsdienst erwählt hat, erscheint als Inschrift auf dem Rande der Schale. Dem Gralskönig ist nur eheliche Liebe erlaubt. Die Berufung zum Gral geschieht allein durch Gnade; sie ergeht nur an den, der Gott in Demut liebt.

Über den Gral informieren Helmut de Boor (a.a.O., S. 102–103) und Joachim Bumke: Wolfram von Eschenbach. 7. Auflage Stuttgart 1997, S. 107–113.

Parzivals Berufung zum Gralskönig (S. 88–96)

Das glückliche Ende kann in einem Bericht vermittelt werden: Parzival begegnet abermals Gawan und wird aus Missverständnis in einen Zweikampf mit ihm verwickelt. König Artus versöhnt Gawan mit seinem Gegner Gramoflanz; jener erhält Orgeluse zur Frau, dieser Itonje („Das Wiedersehen in Joflanze"). Parzival wird in einen weiteren Zweikampf verwickelt, doch rechtzeitig erkennt er in dem Gegner seinen Halbbruder Feirefis, den Sohn aus der Ehe seines Vaters mit der Mohrenkönigin Belakane („Parzival findet seinen Bruder Feirefis"). Schließlich verkündet die Gralsinschrift „Parzivals Berufung zum Gralskönig". Er erlöst Anfortas, übernimmt selbst das Amt des Gralskönigs und wird endlich mit seiner Frau Kondwiramur und beider Söhne Lohengrin und Kardeis vereinigt. Feirefis lässt sich taufen und erhält Repanse de Schoye zur Frau („Parzival als Gralskönig").
Die Ergebnissicherung erfolgt durch folgende Fragestellung:

- *Inwiefern kann man die Sage von Parzival als eine Geschichte mit einem „Happy End" bezeichnen?*

Parzival hat schließlich das erreicht, was ein mittelalterlicher Mensch nach der Meinung Wolframs von Eschenbach als Höchstes erreichen konnte: „Gottes Gnade und der Welt Ehre", wie es auch aus einer Äußerung Sigunes hervorgeht. Sie sagt nach seinem Versagen: „Für immer hast du nun Gottes Gnade und der Welt Ehre verloren!" (S. 76, Z. 9–10).

Baustein 3

Arbeitsblatt 6

Was ist der Gral?

❒ *Notiert, was an folgenden Stellen über den Gral gesagt wird.*

S. 73, Z. 8–S. 74, Z. 7: ____________________

S. 74, Z. 34–S. 76, Z. 10: ____________________

S. 85, Z. 27–S. 86, Z. 13: ____________________

S. 87, Z. 1–S. 88, Z. 14: ____________________

S. 93, Z. 17–26: ____________________

S. 96, Z. 2–3: ____________________

Verfasst auf der Grundlage dieser Notizen einen Lexikonartikel: Der Gral war ursprünglich die Schale, in der Joseph von Arimathia das Blut auffing, das aus der Seite Christi floss …

Wolfram spricht es im Epilog zu seinem Epos „Parzival“ so aus:

Swes lebn sich sô verendet
daz got niht wirt gepfendet
der sêle durch des lîbes schulde,
und der doch der werlde hulde
behalten kan mit werdekeit,
daz ist ein nützIu arbeit.

(827, 19–24)

Wenn man sein Leben so beschließt,
dass die Seele nicht schuldig wird
und Gott entrissen werden kann,
und wenn man sich die Gunst der Welt
erhält und dabei würdig bleibt,
so hat die Mühe sich gelohnt.

(Dieter Kühn: Der Parzival des Wolfram von Eschenbach. S. 904)

(Vgl. dazu: Friedrich Maurer: Das Grundanliegen Wolframs von Eschenbach. In: Der Deutschunterricht 1956/1, S. 46–61)

Mit Blick auf den gesamten Text bieten sich den Schülerinnen und Schülern verschiedene reizvolle Aufgaben an:

- *Stell dir vor, du hast eine Zeitreise ins Mittelalter gemacht und die Welt der Ritter kennen gelernt.*
  Was würdest du von ihrer Lebensweise erzählen?
- *Du kannst zwar keine Beweisstücke vorlegen, könntest aber in Form von Zeichnungen bestimmte Einzelheiten veranschaulichen.*
  Welche würdest du auswählen und wie würdest du sie darstellen?
- *Möchtet ihr zur Zeit der Ritter gelebt haben?*
  Erarbeitet in Gruppen Gründe für und wider und vertretet sie vor der Klasse, vielleicht in einem Streitgespräch.

Zum Abschluss der Behandlung der Sage von Parzival lässt sich in Zusammenarbeit mit dem Fach Geschichte ein Projekt durchführen. In seinem Rahmen könnten unterschiedliche Einzelaufgaben unter einem umfassenden Thema – Leben im Mittelalter – gebündelt werden. Einige Vorschläge:

- *Wie die Ritter wohnten.*
  Zeichnet den Grundriss einer Burg und baut sie als Modell.
- *Vom Knaben zum Ritter.*
  Bericht über einen Ausbildungsprozess.
- *Die Ausrüstung eines Ritters.*
  Eine Bildermappe.
- *Die Speisekarte der Bewohner einer Burg.*
- *Wie sich ein Ritter nach den Lehren des Gurnemanz zu verhalten hatte.*
  Ein Bildungsprogramm.
- *Bericht über einen Tag im Leben eines Knappen.*
- *Interview mit einer Burgherrin.*
  Ihre Herkunft, ihre Bildung, ihre Aufgaben, ihre Stellung.
- *Mittelalterliche Burgen der Region.*
  Eine Fotoausstellung.
- *Eine Zeitreise ins Mittelalter.*
  Video mit Schülern und Schülerinnen als Akteuren.

Fotos, Zeichnungen und Texte können an Stellwänden, Modelle auf Tischen präsentiert werden.

Baustein 4

Geistersagen

4.1 ❐ Typen der Volkssage (S. 145–146)

Heinrich Pleticha unterscheidet in seinem Beitrag „Was ist eine Sage?“ (Textausgabe S. 145–146) drei Gruppen von Volkssagen: dämonische Sagen (Geistersagen), historische Sagen und ätiologische Sagen (Erklärungssagen). Diese Einteilung spiegelt sich auch in der Gliederung der vorliegenden Sammlung wider. Dabei bleibt zu entscheiden, welche der Sagen dem dritten Typ angehören, dessen Eigenart es ist, einen auffälligen Sachverhalt zu erklären. Dass es bei der Frage der Zuordnung nicht immer zu einer einhelligen Klärung kommen muss, lässt sich am Beispiel der Sage „Doktor Luther zu Wartburg“ darlegen:

> „Doktor Luther saß auf der Wartburg und übersetzte die Bibel. Dem Teufel war das unlieb und er hätte gern das heilige Werk gestört; aber als er ihn versuchen wollte, griff Luther das Tintenfass, aus dem er schrieb, und warf's dem Bösen an den Kopf. Noch zeigt man heutigestages die Stube und den Stuhl, worauf Luther gesessen, und den Flecken an der Wand, wohin die Tinte geflogen ist.“
>
> Deutsche Sagen. Hrsg. von den Brüdern Grimm. Band 2, Nr. 562

> „Ist dies nun primär eine historische Sage, die ein – vielleicht fingiertes – Ereignis aus dem Leben Luthers schildert; ist es eine Teufelssage, also eine dämonische Sage, die aus einem Erlebnis Luthers erwuchs; oder ist es die ätiologische Erklärung des noch ‚heutigestages‘ gezeigten Tintenflecks? Die Sage bietet Typisierungsversuchen entschiedeneren Widerstand als alle anderen Gattungen der Volksdichtung.“
>
> Hermann Bausinger: Formen der Volkspoesie. Berlin. 1968, S. 177–178

An dieser Stelle bietet es sich an, den in der Textausgabe abgedruckten Text „Was ist eine Sage?“ von Heinrich Pleticha (S. 145–146, Z. 13) mit folgender Fragestellung zu bearbeiten:

❐ *Wie beantwortet Pleticha die Frage, was eine Volkssage ist?*
Halte deine Ergebnisse stichwortartig fest.

Was ist eine Volkssage?

- Die Grenzen zwischen Sage und Märchen verschwimmen.
- Die Volkssagen wurden im Volk mündlich überliefert.
- Sie sind meistens kürzer als Märchen.
- Sagen sind häufig an Ort und Zeit gebunden.
- Sagen wollen ernst genommen werden.
- Dämonische Sagen handeln von Gespenstern etc.
- Historische Sagen berichten von geschichtlichen Ereignissen.
- Erklärungssagen wollen merkwürdige Erscheinungen erklären.

4.2 ❐ **Der Wasserneck** (S. 97–98)

Die erste Volkssage dieser Sammlung handelt von einem Wasserneck, also von einem Wassergeist. „Neck“ bzw. „Nöck“ ist das männliche Gegenstück zur „Nixe“. Die anderen Texte dieser Gruppe haben mit dem wilden Jäger oder der wilden Jagd zu tun. Wenn man sie genauer betrachtet, wird man erkennen, dass die Gestalten, von denen sie erzählen, im Sturm daherkommen.

Solche Sagen haben weite Verbreitung gefunden. Vielleicht werden einige davon auch in der Gegend, in der die Schülerinnen und Schüler zu Hause sind, erzählt. Es stellt sich die Frage, wie man sich die weite Verbreitung von Sagen, in denen von Wind- oder Wassergeistern die Rede ist, erklären kann.

❐ *Es ist leicht festzustellen, wo die Sage „Der Wasserneck“ beheimatet ist. Sucht auf einer Straßenkarte des Raumes Aschaffenburg die erwähnten Ortsnamen auf.*

Wovon handelt die Sage? Drei Besenschnitzer gehen in einer Winternacht von Königshöfen nach Aschaffenburg, um dort auf dem Markt ihre Besen zu verkaufen. An der Kal, einem Bach, ruhen sie sich ein wenig aus. Plötzlich hören sie ein Poltern, und jeder denkt dabei an den Wasserneck, der hier wohnen soll. Ehe sie weitergehen, entwickeln sie eine Strategie, wie sie am besten über die Brücke kommen: Hannes soll als Erster gehen, weil er fromm ist, und der Jüngste will als Letzter gehen. Als er fast das andere Ufer erreicht hat, verspottet er den Wasserneck, und sofort wird er hinabgezogen. Die anderen kehren nach dem Verkauf ihrer Besen auf einem anderen Weg in ihr Dorf zurück.

Diese Sage hat einen dreiteiligen Aufbau: Die Situation der Besenbinder, die Begegnung mit dem Wasserneck, die Bestrafung des Übermütigen.

❐ *Lest den Text und arbeitet den Aufbau heraus.*

Der Wasserneck – Inhaltlicher Aufbau

1. Die Situation (S. 97, Z. 1–9)
   Wer? Drei Besenschnitzer.
   Wann? In einer Winternacht.
   Wo? Im Kalgrund.

2. Der Wasserneck (S. 97, Z. 9–21)
   Das Poltern (S. 97, Z. 9–12).
   Die Gedanken der Männer (S. 97, Z. 12–21).

3. Das Unglück (Z. 97, Z. 21–S. 98, Z. 10)
   Der Plan (S. 98, Z, 21–28)
   Spott und Strafe (S. 97, Z. 28–S. 98, Z. 4)

4. Kommentar des Erzählers (S. 98, Z. 4–10)

Die Schülerinnen und Schüler könnten sich zu der Frage äußern, ob ihnen ähnliche Texte bekannt sind. Vielleicht kennen einige das Lied von der schönen Lilofee („Es freit ein wilder Wassermann") oder Goethes Gedicht „Der Fischer". In ihm wird dargestellt, wie „ein feuchtes Weib" – eine Nixe – einen Fischer ins Wasser lockt: „Halb zog sie ihn, halb sank er hin ...", heißt es in der letzten Strophe.

Wenn ein lautes Poltern zu hören ist, muss es eine Ursache dafür geben. Wir nehmen andere Gründe an als die Menschen, denen wir in dieser Sage begegnen. Statt an einen Wassergeist zu denken, rechnen wir mit einer natürlichen Ursache. Auch das plötzliche Verschwinden eines Menschen in einer solchen Situation suchen wir anders zu erklären. Wir meinen, er sei vielleicht ausgerutscht, ins eiskalte Wasser gefallen und habe dort einen Herzschlag erlitten.

Auf die Erarbeitung sollte noch eine Phase der Verarbeitung folgen. Zu diesem Zweck kann die Geschichte aus anderer Sicht erzählt werden. Hier einige Vorschläge:

- *Auf dem Heimweg unterhalten sich die beiden Besenbinder über das Unglück: „Was sollen wir nur zu Hause sagen?"*
  Schreibt das Gespräch auf und spielt die Szene.
- *Der schwere Gang zu den Eltern des jüngsten Besenbinders: Wie können wir ihnen erklären, was geschehen ist?*
  „Ist Peter schon zu Hause? – Nein? – Wir dachten, er sei vorgegangen. Als wir in der Frühe über die Kal gingen, war er plötzlich nicht mehr da ..."
- *Wo ist der dritte Besenbinder? Seine beiden Freunde stehen unter Mordverdacht. Auf der Polizeiwache muss jeder von ihnen über das, was geschehen ist, aus seiner Sicht einen Bericht schreiben.*
  „Wie jeden Freitag wollten wir auch gestern zum Markt nach Aschaffenburg gehen, um dort unsere Besen zu verkaufen. Um rechtzeitig anzukommen, brachen wir schon um 4 Uhr auf. An der Kal machten wir Rast. Als ein lautes Poltern zu hören war, dachten wir an den Wasserneck ..."
- *Was könnte tatsächlich geschehen sein? Erwägt in einem (ausformulierten) Gespräch eine „natürliche" Erklärung.*
- *Das Geschehen kann auch als Traumerlebnis dargestellt werden.*
- *Wie stellst du dir den Wasserneck vor? Zeichne ihn.*

4.3 ❒ Hackelberg und Rodensteiner (S. 98–104)

Der wilde Jäger Hackelberg (S. 98–99)

Sagen vom wilden Jäger sind weit verbreitet. Eine der bekanntesten ist die vom Jägermeister Hackelberg. Jacob Grimm teilt in seiner „Deutschen Mythologie" (1. Auflage 1835, 3. Auflage 1854) die Quelle, auf der die Wiedergabe in den „Deutschen Sagen" beruht, mit: „Kirchhofs wendunmut No. 238. p. 342" (Teil IV).

Hans Wilhelm Kirchhoff wurde um 1522 in Kassel geboren, er starb um 1603 in Spangenberg/Kreis Melsungen. Sein „Wendunmut" ist eine Sammlung deutscher Schwänke, die in sieben Teilen zwischen 1563 und 1603 erschien.

Wenn die Schüler, für die diese Sagensammlung bestimmt ist, auch nicht mit allen Einzelheiten vertraut gemacht werden müssen, lohnt es sich doch, den Hintergrund der Sage aufzuhellen, denn sie zeugt vom Nachwirken germanischer Religionsvorstellungen, wie sie in der 1. Sequenz der vorliegenden Sammlung vermittelt werden. Aufschlussreich ist die Erklärung des merkwürdigen Namens. Jacob Grimm schreibt: „Nach niedersächsischer sage war *Hans von Hackelnberg* oberjägermeister des herzogs von Braunschweig, und ein gewaltiger weidmann, er soll 1521 gestorben, nach anderen in diesem jahre geboren und erst 1581 gestorben sein [...]. Ich bin geneigt, die westfälische form *Hackelberend* für die älteste, echteste zu erklären. Das althochdeutsche *hahhul*, altnordische *hökull* (masc.) und *hekla* (fem.), angelsächsische *hacele* (fem.) bedeutet gewand, mantel, kutte, rüstung, *hakolberand* also im altsächsischen dialect einen gerüsteten, geharnischten mann [...]. Nun aber erinnere ich an Odins kleidung (s. 121), der gott erscheint in breitgekremptem hut, blauem fleckichtem mantel (*hekla bla, flekkott*): *hakolberand* ist unverkennbar ein altsächsischer beiname des heidnischen gottes, des Wodan, den man allmälich in Hakkelberg, Hakkenberg, Hakkelblok entstellte“ (Berlin 1981, S. 768–770).

Neben dieser Entwicklung von „Hackelberend“ (Mantelträger als Name für Wodan/Odin) zu „Hackelberg“ ist auch die Annahme vertretbar, dass Wodan/Odin mit historischen Personen identifiziert wurde. Eine von ihnen könnte der braunschweigische Jägermeister Hackelberg gewesen sein, eine andere der Rodensteiner (S. 101–104).

Die Frage, ob der germanische Gott Wodan/Odin in der Gestalt des Wilden Jägers der Volkssage fortlebt, hat inzwischen eine modifizierte Antwort gefunden. Adolf Bach schreibt: „Im wilden Jäger unseres Volksglaubens erblickt man heute meist kein verblasstes Abbild Wodans mehr, sondern eine Gestaltung, die weit älter ist und aus der die Gestalt Wodans selbst erwuchs: Man sieht in ihr einen dämonischen Totenführer oder einen Sturm- und Fruchtbarkeitsdämon, also eine Erscheinung der niederen Mythologie [...]“
Deutsche Volkskunde. Heidelberg 1960, S. 259

Ob nun Wodan oder ein älterer Wode in den Sagen vom Wilden Jäger und der wilden Jagd erscheint – man darf sagen, dass in diesen Sagen Vorstellungen von germanischen Gottheiten weiterleben.

Bemerkenswert ist auch, wie der Name „Wodan“ erklärt wurde; Adam von Bremen schreibt: „Wodan, id est furor: Wodan, d.h. Wut“
zitiert nach: Rudolf Simek: Lexikon der germanischen Mythologie. Stuttgart 1984, S. 464

Der abgedruckte Text (S. 98-99) besteht aus zwei Teilen, der Sage (S. 98, Z. 1–19) und der Darstellung eines persönlichen Erlebnisses des Erzählers (S. 98, Z. 20–S. 99, Z. 18). Beide sind wiederum zweigeteilt. Auch diese Sage beginnt mit Angaben über Zeit, Ort und Person: Jägermeister Hackelberg soll „vorzeiten“ in der Gegend um Braunschweig gelebt haben. Als passionierter Jäger äußert er auf dem Sterbebett den Wunsch, bis zum Jüngsten Tag am Solling jagen zu dürfen. Dort möchte er auch begraben sein. Sein Wunsch – eine Selbstverfluchung – wird ihm erfüllt. Seither spukt er des Nachts im Solling.

Im 2. Teil berichtet der Erzähler, dass er das Grab durch Zufall gefunden habe, und er gibt eine Beschreibung der Stelle. Außerdem teilt er mit, dass niemand durch Suchen das Grab finden könne. Das Gerücht, zwei schwarze Hunde lägen daneben, kann der Erzähler nicht bestätigen.

❒ *Lest den Text, fasst den Inhalt zusammen und stellt den Aufbau dar.*

Der wilde Jäger Hackelberg

1. Jägermeister Hackelberg (S. 98, Z. 1–19)
   seine Persönlichkeit
   sein Wunsch
   dessen Erfüllung
2. Sein Grab (S. 98, Z. 20–S. 99, Z. 18)
   Augenzeugenbericht
   Gerücht

Es liegt nahe, Hackelbergs Grab nach der Beschreibung, die der Erzähler gibt (S. 99, Z. 1–11), zeichnen zu lassen.

- *Wie stellst du dir Hackelbergs Grab vor? Zeichne es.*

Hackelbergs Hund (S. 99–100)

Was diesen Text besonders auszeichnet, ist der Umstand, dass er in einer Sammlung steht, die von Wilhelm Busch (1832–1908) stammt. Der Verfasser so bekannter Bildergeschichten wie „Max und Moritz", „Hans Huckebein, der Unglücksrabe" und „Plisch und Plum" hat sich intensiv mit der volkskundlichen Überlieferung seiner niedersächsischen Heimat beschäftigt. Zwei Jahre nach seinem Tode veröffentlichte Otto Nöldeke unter dem Titel „Ut oler Welt" („Aus alter Zeit") „Volksmärchen, Sagen, Volkslieder und Reime", die er „druckfertig" im Nachlass seines Onkels vorfand.

Der Text bestätigt Hackelbergs Popularität (vgl. den vorherigen Text). Bei seiner Erschließung liegt es nahe, vom Schlusssatz – als Kommentar des Sammlers – auszugehen. Formt man die Aussage in eine Frage um, so ergibt sich als Antwort der vorausgehende Text.

- *Warum schließt man in manchen Gegenden zwischen Weihnachten und Dreikönig die Seitentüren?*
- *Gestalte ein Traumerlebnis: Der Hund erzählt, wie er ins Haus gekommen ist.*

Mitjagen (S. 100)

In dieser Sage, die im Münsterland lokalisiert ist, bestraft der wilde Jäger denjenigen, der ihn verspottet: Ein Schneider arbeitet bei offenem Fenster, als die wilde Jagd über das Haus zieht. Im Gegensatz zu anderen Vertretern seines Standes ist dieser nicht furchtsam, und so verspottet er den wilden Jäger dadurch, dass er dessen Hunde mit lauten Rufen aufhetzt. Da schlägt ihn ein Pferdefuß vom Tisch. Als er wieder zu sich kommt, hört er die Stimme des wilden Jägers.
Hier liegt eine Parallele zur Sage „Der Wasserneck" (S. 97–98) vor. Kennzeichnend für die Darstellung ist der wiederholte Wechsel zwischen Bericht und Erzählerkommentar, zugleich Wechsel des Tempus zwischen Präteritum und Präsens:

Bericht im Präteritum: „Ein Schneider saß einmal ..."
Kommentar im Präsens: „Man sagt sonst den Schneidern nach ..."

Bericht im Präteritum: „aber dieser war es nicht ..."
Kommentar im Präsens: „Ich weiß gewiss ..."

Zur Verarbeitung empfiehlt sich eine Neugestaltung aus der Perspektive des Schneiders:

- *Der Schneider liegt seit einigen Tagen im Krankenbett und wird von Freunden besucht. Nachdem sie sich nach seinem Zustand erkundigt haben, sagt einer zu ihm: „Nun erzähl uns doch einmal, was geschehen ist!"*
- *In der Nachbarschaft beginnt dann das Erzählen vom Hörensagen. Habt ihr schon gehört, was unserem Schneider passiert ist?*
  Nein? Also: Der sitzt am Fenster und arbeitet ...
  Führt die Erzählung zu Ende.
- *In der Stadt Werne im Münsterland lag am 13.11.1972 nach einem Orkan das Dach eines Schulgebäudes am Boden. Was geschehen war, scheint klar zu sein.*
  Wie würdet ihr diesen Sachverhalt darstellen?

Anfang einer möglichen Lösung: *Der Orkan hob das Dach ...* Damit wäre bereits eine Personifizierung – und damit der erste Schritt zu einer Mythisierung – vorgenommen.

Das wilde Heer (S. 101)

Dieser Text stammt aus Österreich. Er ist ein Beispiel dafür, dass Sagen von der wilden Jagd in vielen deutschsprachigen Landschaften erzählt werden. Er besteht aus drei Aussagen: der Angabe der Richtung, die das wilde Heer nimmt (über die „Herschel"), der Deutung des „kläglichen Getöses" (es kommt von den ungetauften Kindern, die mitziehen) und einem Ratschlag (wer sich auf den Boden legt, bleibt unversehrt).

Ein Zusatz weist auf eine andere Inkarnation des wilden Jägers hin, den Rodensteiner (vgl. den folgenden Text), der hier in einer verballhornten Form als „Rotstein" erscheint.

Dieser Text lässt sich umformen und zugleich ausgestalten, beispielsweise unter folgender Überschrift:

- *„Wie ich mich einmal vor dem wilden Heer rettete ..."*

Rodensteins Auszug (S. 103–104)

Zu den bekanntesten Verkörperungen des wilden Jägers gehört die Figur des Rodensteiners, der im Odenwald beheimatet ist. Dort liegt auch die Ruine der Burg, die im Text erwähnt wird (vgl. den Text auf S. 101, die Karte auf S. 102 und das Foto auf S. 103). Im Text „Rodensteins Auszug" wird die eigentliche Sage durch Angaben zur Lage der Ruine (S. 103, Z. 1–8) und einem Beispiel als Beweis für die Richtigkeit dessen, was erzählt wird, eingerahmt (S. 104, Z. 12–14). Da es in das Jahr 1815 datiert wird und sich auf Napoleons Landung in Frankreich bezieht, war es zum Zeitpunkt der Veröffentlichung der Sagensammlung (1. Band 1816) ein aktuelles Beispiel. (Die schwer verständliche Stelle „war bestimmt die Sage" bedeutet: wurde wieder die Sage erzählt.)

Der Text führt zunächst den letzten Rodensteiner ein, der durch seinen Reichtum berühmt gewesen sei; von ihm werde folgende Sage erzählt (S. 103, Z. 9–12): Wenn ein Krieg bevorstehe, ziehe er von seiner Burg Schnellerts zum Rodenstein (S. 103, Z. 12–S. 104, Z. 4). Dabei scheine es, als wolle er sein Hab und Gut in

Sicherheit bringen. Die Umstände des Zuges seien akustisch wahrnehmbar (S. 103, Z. 15–S. 104, Z. 8), bei nahendem Frieden kehre der Zug zurück zum Schnellerts (S. 104, Z. 8–12). Eine Einzelheit wird erwähnt: Der Rodensteiner ziehe „durch Hecken und Gesträuche, durch die Hofraite und Scheune Simon Daums zu Oberkainsbach". Angaben dieser Art sind typisch für eine Sage und dienen dazu, ihren Wahrheitsgehalt zu unterstreichen.

❐ *Macht euch die Einzelheiten des Textes klar und skizziert den Aufbau.*

Rodensteins Auszug – Inhaltlicher Aufbau

1. Vorspann
   - Die Lage der Ruine (S. 103, Z. 1–8)
   - Der letzte Besitzer (S. 103, Z. 9–12)
2. Die Sage (S. 103, Z. 12–S. 104, Z. 12)
   - Vor einem Krieg: Zug zum Rodenstein (S. 103, Z. 12–S. 104, Z. 4)
   - Die Umstände des Zuges (S. 104, Z. 4–8)
   - Vor dem Frieden: Zug zum Schnellerts (S. 104, Z. 8–12)
   - Beispiel: Napoleons Rückkehr 1815 (S. 104, Z. 12–14)

Zur Vertiefung bietet sich die Darstellung aus einer anderen Perspektive an:

❐ *Ein Nachkomme Simon Daums (S. 104, Z. 1–2) erzählt die Geschichte von Rodensteins Auszug nach der Familienüberlieferung.*

Der Rodensteiner ist also eine jener historischen Figuren, in denen der wilde Jäger bzw. der germanische Gott Wodan weiterlebt. Dazu bemerkt der Schriftsteller Werner Bergengruen (1892–1964): „[...] und er [der wilde Jäger] hat ja im Odenwald Jagd und Umzug gehalten, lange bevor die Leute vom Rodensteiner und seinem wütenden Herr geredet haben" (Das Buch Rodenstein, S. 61). Es stellt sich hier wie in den vergleichbaren Fällen die Frage, wie es zu der Gleichsetzung einer historischen Figur mit dem Wilden Jäger kommen konnte. Man darf davon ausgehen, dass Wodan im Sturm erlebt wurde und später mit ihm eine historische Figur, der etwas Geheimnisvolles anhaftete, identifiziert wurde.

Werner Bergengruen hat dem Rodensteiner ein ganzes Buch gewidmet. In dessen „Siebentem Stück" mit der Überschrift „Die Geschichte der drei Hopfenhändler" lässt er eine alte Frau, die im Sterben liegt, die Erklärung dafür geben, dass der Rodensteiner (nach der Sage) vor Ausbruch eines Krieges vom Schnellerts zur Burg Rodenstein und bei nahendem Frieden zurück zum Schnellerts zieht (Z 4: Der letzte Rodensteiner, S. 85):

Der letzte Rodensteiner galt als arm, war aber in Wirklichkeit ein reicher Geizhals. Sein Geiz war in seiner Furcht um seinen Besitz begründet. Vor seinem Tode vergrub er mithilfe seines Dieners seine Schätze in der Walpurgisnacht im Hof der Burg Rodenstein und ließ die Stelle unkenntlich machen. Darauf ging er mit seinem Diener in die Burg, wo er zunächst diesen und dann sich selbst erschoss. Im Grabe konnte er aus Sorge um seine Schätze keine Ruhe finden. Er konnte sich weder vom Schnellerts, wo er Jahre zuvor Kostbarkeiten vergraben hatte, noch vom Rodenstein trennen. Bei Kriegsgefahr bringt er alles zum Rodenstein, der mehr Schutz bietet als die Burg Schnellerts. Ist die Gefahr vorüber, kehrt er mit den Schätzen zurück zum Schnellerts.

Dieser Text eignet sich für eine Übung zum Hörverständnis. Der Lehrer liest ihn im Anschluss an die Behandlung der Sage vor. Die Schüler sind zur Konzentration gezwungen. Nach der akustischen Aufnahme der Geschichte erhalten sie folgenden Arbeitsauftrag:

❐ *Macht euch einige Notizen, insbesondere zum genauen Ablauf des Geschehens.*
Vergleicht eure Aufzeichnungen in Partnerarbeit miteinander und entwerft eine Skizze des Aufbaus als Grundlage einer mündlichen oder schriftlichen Nacherzählung.

Der letzte Rodensteiner – Inhaltlicher Aufbau

1. Der letzte Rodensteiner (Z. 1–6)
2. Das Vergraben der Schätze (Z. 16–31)
3. Gespräch mit dem Diener (Z. 31–42)
4. Mord und Selbstmord (Z. 43–45)
5. Spuk (Z. 45–66)

❐ *Wer sich für das Buch interessiert, sollte es aus einer Bücherei entleihen. Nach der Lektüre könnte er eine oder mehrere Geschichten vor der Klasse nacherzählen.*

Notizen

Baustein 5 Historische Sagen

Historische Sagen bilden eine umfangreiche Untergruppe der Volkssagen. Meist knüpfen sie an historische Figuren, denkwürdige Begebenheiten oder merkwürdige Örtlichkeiten an. Die vorliegende Sammlung bietet zu diesen Möglichkeiten Beispiele.

5.1 ❒ Der Binger Mäuseturm (S. 104–107)

Bei der Hungersnot im Jahre 974 lässt Bischof Hatto II. von Mainz die Armen in einer Scheune zusammenkommen. Aber anstatt ihnen die versprochene Speise zu geben, befiehlt er die Scheune anzuzünden, sodass die Menschen verbrennen. Ihre Schmerzenschreie kommentiert er mit dem Satz: „Hört, wie die Mäuse pfeifen!“

Zur Strafe lässt Gott ihn durch Ratten und Mäuse heimsuchen. Um sich vor ihnen zu retten, lässt er bei Bingen im Rhein einen Turm bauen. Doch die Tiere folgen ihm und fressen ihn bei lebendigem Leibe auf.

Zu untersuchen ist zunächst der zweiteilige Aufbau: das Verbrechen (S. 104, Z. 2–S. 105, Z. 8) und die Strafe (S. 105, Z. 8–16)

❒ *Lest die Sage und klärt ihren Aufbau.*

Inwieweit die Sage mit der Wirklichkeit übereinstimmt, ergibt sich aus einem Vergleich mit dem Sachtext „Der Mäuseturm“ (S. 106–107), der in einer Werbeschrift der Stadt Bingen steht.

Die Schüler halten die Fakten, die über Hatto mitgeteilt werden, stichwortartig fest.

Bischof Hatto II.

- 968 Bischof von Mainz
- harte Regentschaft
- Instandsetzung des Inselturmes
- Wohnung bei Besuchen
- Krankheit verhindert Abreise
- Mäuse fallen ihn an.
- Hatto stirbt 970.

Aus dem Text wird die weitere Geschichte des Turmes ersichtlich. Dabei ist seine Funktion im Rahmen eines Zollsystems von Bedeutung. Mit ihr ist ein Hinweis gegeben, der zur wahren Erklärung seiner Verwendung führt und auch den Namen plausibel macht (vgl. Anm. 2 auf S. 104).

Der Mäuseturm war ursprünglich ein Mautturm, also eine Zollstation, an der Schiffer eine Gebühr zahlen mussten. Als das Wort „Maut" nicht mehr verstanden wurde, hat man es mit „Maus" in Verbindung gebracht, um sich die Bezeichnung des Turmes zu erklären (Beispiel von Volksetymologie). Das in Vergessenheit geratene Wort „Maut" ist in Österreich durchaus geläufig. Neuerdings wird es durch die Diskussion um die Einführung einer Straßenbenutzungsgebühr, kurz „Maut" genannt, wieder belebt. Diese Sage wird nicht nur von Hatto, sondern auch von anderen Persönlichkeiten erzählt. Sie stellt also eine Wandersage dar.

- *Schreibt einen Kommentar zu der Idee der Stadt Bingen, den Mäuseturm, ihr missverstandenes Wahrzeichen, als Werbeträger zu verwenden.*
- *Der Text lässt sich auch zu einer Moritat umformen. Vorschlag für den Anfang:*
  Liebe Leut, hört die Geschichte,
  Die ich heute euch berichte,
  Wie sie sich hat zugetragen
  In des Bischofs Hatto Tagen.

5.2 ❐ **Die Weiber zu Weinsperg** (S. 107–108)

Für Richard von Weizsäcker, den früheren Bundespräsidenten, und für Joschka Fischer, den gegenwärtigen Außenminister, gelten die Frauen, von denen die Sage erzählt, zu den größten Heldinnen der Geschichte (nach Fragebögen des FAZ-Magazins).

Als die Stadt Weinsberg der Belagerung durch Konrad III. 1140 nicht länger standhalten konnte, handelten die Frauen die Übergabe unter einer Bedingung aus: dass jede von ihnen das mitnehmen dürfe, was sie auf ihren Schultern tragen könne. Da trugen sie ihre Männer hinaus. Viele der Belagerer wollten diese Auslegung der Bedingung nicht gelten lassen, doch der König stand zu seinem Wort.

Zur Überlieferung der Sage schreibt Leander Petzoldt: „[...] Die Erzählung geht auf die zeitgenössischen, leider verlorenen Paderborner Annalen zurück, gelangt von dort in die Kölner Königschronik 1175, taucht dann aber erst um 1500 bei Trithemius in der Geschichtsliteratur wieder auf. Die Geschichte wird im 16. und 17. Jahrhundert in einer großen Zahl von Chroniken bekannt, in denen einige die Geschichte schon von anderen Orten erzählen [...]" (Leander Petzoldt: Historische Sagen, II, München 1977, S. 323f.). Es handelt sich also um eine Wandersage.

Wo Weinsberg liegt, wissen viele Schüler sicherlich nicht. Sie sollten die Frage klären, und zwar folgendermaßen:

- *Wie kommt man von eurem Heimatort nach Weinsberg?*

Gelegentlich kann man die Meinung hören, das Wort „Weiber" in der Überschrift sollte durch „Frauen" ersetzt werden. Die Schüler könnten darüber sprechen. Sie werden sicherlich darauf kommen, dass die Wörter „Weiber" und „Weinsberg" durch Stabreim (Alliteration) aneinander gebunden sind. Wäre die Sage in Flensburg angesiedelt, müsste die Überschrift entsprechend „Die Frauen von Flensburg" lauten.

Zunächst sollten sich die Schüler den Aufbau klarmachen.
Er lässt sich an den Signalwörtern ablesen:

Als ... Situation und Nennung der Bedingung für die Übergabe
Da ... Das daraus resultierende Verhalten der Frauen
Und da ... Die Meinung vieler Belagerer
... aber ... Im Gegensatz zu ihnen: die Zuverlässigkeit des Königs

❒ *Beschreibt den Aufbau der Sage.*

Bei der Behandlung dieser Sage stellt sich auch die Frage nach den Lebensbedingungen in einer mittelalterlichen Stadt. Die Intensität ihrer Behandlung richtet sich nach dem Interesse der Klasse. Zu empfehlen ist hier eine Zusammenarbeit mit dem Fach Geschichte; Zusatztext 2 (S. 82f.) und Arbeitsblatt 4 (S. 37) sollten in die Überlegungen einbezogen werden.

Eine mittelalterliche Stadt war von einer Befestigungsanlage (Mauer, Graben ...) umgeben. Dadurch konnten Feinde zwar davon abgehalten werden, ungehindert in die Stadt einzudringen; die Bewohner waren dann aber bei einer Belagerung von der Außenwelt völlig abgeschnitten.

Die Bewohner waren Ackerbürger und damit – zumindest zum Teil – Selbstversorger. Viele betrieben ein Handwerk. Der Warenumschlag erfolgte auf dem Markt. Konservierung von Nahrung erfolgte durch Pökeln oder Trocknen. Eis zum Kühlen wurde im Winter gewonnen. Trinkwasser lieferten Brunnen. Geheizt wurde mit Holz. Gewaschen wurde am Fluss. Sofern Licht gebraucht wurde, verwendete man Kerzen und Tranlampen.

Von besonderer Bedeutung ist die Frage, wie sich die Menschen damals ernährten. Sie hatten Grundnahrungsmittel: Getreide, Gemüse, Fleisch aus eigener Tierhaltung oder dem Angebot des Marktes, Bier, Honig ... Zu den Produkten, die es noch nicht gab, zählten: Kartoffeln, Mais, Kaffee, Kakao, Tabak, Zucker ... Die Entsorgung erfolgte auf höchst einfache Weise. Da es eine Kanalisation noch nicht gab, wurden Gefäße aus dem Fenster entleert. Vor der Tür türmte sich ein Misthaufen auf. (Vgl. zur Frage der Hygiene in mittelalterlichen Städten: Textausgabe S. 113f.)

Die Verwaltung erfolgte durch den Bürgermeister; der Pfarrer führte die Register über Geburten und Todesfälle. Türmer und Nachtwächter sowie die Bürgerwehr sorgten für die Sicherheit der Bewohner.

Aufgrund dieser Überlegungen lässt sich die Situation einer belagerten Stadt gut einschätzen: Früher oder später ging der Vorrat zu Ende und die Bürger mussten sich dem Feinde ergeben.

Zur Verarbeitung dieses Sachbereichs stellt sich folgende Frage:

❒ *Hättest du gern in einer Stadt wie dem Weinsberg der Sage gelebt? Begründe deine Entscheidung.*

Eine Aufgabe, die nach der Intention der Sage fragt:

❒ *Überlegt einmal, warum diese Sage erzählt wird.*

Der Stoff lässt sich auch als Theaterstück gestalten.

❒ *Verfasst ein Regiebuch und führt das Stück anschließend auf.*

Der Ablauf der Sage legt einen Aufbau in drei Auftritten nahe:
1. Die Lage in der Stadt: Verzweiflung!
2. Die Unterhändler kehren zurück: Bestürzung!
3. Im Lager des Königs: Überraschung!

Eine mögliche Lösung im Umriss:

Rolle	*Text*	*Sprech- und Spielanweisung*
(1) Bürgermeister:	Was sollen wir tun?	Der Bürgermeister ist ratlos.
Bäcker:	Unsere Getreidevorräte gehen zu Ende!	Der Bäcker ringt die Hände.
Frau Müller:	Schicken wir doch im Namen der Frauen eine Abordnung zum König! Wir haben doch keine Schuld an dem Krieg!	Die Männer sind erstaunt, die Frauen äußern ihren Beifall.
Frauen:	„Gibt es zwischen Herrschern Streit, trifft uns Frauen Not und Leid."	
(2) Frau Schuster:	Jetzt sitzen wir erst recht in der Klemme: Wir erhalten freien Abzug und dürfen mitnehmen, was wir auf den Schultern tragen können. Die Männer aber müssen in der Stadt bleiben. Sie sollen hart bestraft werden.	Die Frauen brechen in lautes Klagen aus. Sie gestikulieren. Lautes Jammern
Frau Goldschmied:	O weh, meine kostbare Truhe mit all meinem Schmuck!	Sie denkt an materielle Güter.
Frau Schneider:	Unsere armen Männer! Was können wir nur tun?	Sie denkt menschlich.
…	…	… Betretenes Schweigen
Frau Schreiner:	Ich hab's – nehmen wir unsre Männer auf die Schultern und tragen sie aus der Stadt!	Der rettende Einfall!
…	…	…
Frauen:	„Wenn die Frau auch schwächer ist, siegt sie doch durch ihre List".	
(3) Hauptmann:	Was ist denn das!?! So war das aber nicht gemeint! Die Kerle müssen hängen!	Der Feldhauptmann ist völlig überrascht. Er ringt nach Atem.
…	…	…
König:	Lasst die Frauen und die Männer in Frieden! Fragt euch lieber, ob eure Frauen auch so gehandelt hätten. Ich stehe zu meinem Wort!	Er schmunzelt über die List der Frauen und hat Verständnis für sie.
Frauen:	„Hoch lebe König Konrad! Er hat sein Wort gehalten. Lang lebe König Konrad, Gott möge ihn erhalten!	

Dieser Text kann den Schülern als Kopie vorgelegt werden. Sie erhalten dann folgenden Auftrag:

❐ *Füllt die durch ... angedeuteten Stellen durch Stegreifspiel auf.*

5.3 ❐ Die Kinder zu Hameln (S. 108–112)

„Der Rattenfänger von Hameln gilt als die bekannteste deutsche Sagengestalt in aller Welt.“ So heißt es in einer Werbeschrift der Stadt Hameln. Die Überschrift des Textes nach der Sammlung der Brüder Grimm setzt einen anderen Akzent: Sie weist auf die Kinder hin. Damit ist der Interpretation die Richtung gewiesen. Die Sage berichtet von Vorgängen, die im Jahre 1284 stattfanden. Hameln wird von einer Rattenplage heimgesucht. Ein Rattenfänger bietet seine Dienste an: Für einen bestimmten Lohn will er die Stadt von der Plage befreien. Als man mit ihm handelseinig ist, geht er ans Werk. Er zieht eine Pfeife hervor, spielt auf ihr, und schon kommen Ratten und Mäuse aus ihren Verstecken und folgen ihm. Er führt sie zur Weser, wo sie ihm sogar ins Wasser folgen und ertrinken.

Da die Bürger ihm den vereinbarten Lohn nicht zahlen, geht er im Zorn. Aber er kehrt zurück: Am 26. Juni entführt er die Kinder, während die Eltern in der Kirche sind. Einige Kinder entgehen aufgrund bestimmter Umstände der Entführung.

Bei ihrer Beschäftigung mit dem Text sollten die Schüler zunächst eine Gliederung vornehmen.

❐ *Lest die Sage (im engeren Sinne) und gliedert sie.*

Die Ergebnissicherung erfolgt in einer Tafelskizze:

Die Kinder zu Hameln – Inhaltlicher Aufbau

1. Die Ausgangslage (S. 108, Z. 4–11)
   - In Hameln herrscht eine Rattenplage.
   - Ein Rattenfänger verspricht Abhilfe.
   - Die Bürger versprechen ihm Lohn.
2. Die Arbeit des Rattenfängers (S. 108, Z. 11–19)
   - Er pfeift.
   - Ratten und Mäuse folgen ihm.
   - Er führt sie zur Weser.
3. Die Bürger verweigern den Lohn (S. 109, Z. 1–4)
4. Die Rache des Rattenfängers (S. 109, Z. 4–17)
   - Er kehrt zurück und pfeift.
   - Knaben und Mädchen folgen ihm.
   - Er führt sie in einen Berg.
5. Die Situation danach (S. 109, Z. 17–33)
   - Nachforschungen sind erfolglos.
   - Einige Kinder sind zurückgeblieben.

Wenn die Schüler den Text gliedern, stellen sie fest, dass er außer der Sage noch Ergänzungen umfasst (S. 109, Z. 34–S. 110, Z. 22). Aus diesen geht hervor, dass das Ereignis in all den Jahren in Erinnerung geblieben ist.

Zeugnisse der Erinnerung an die Entführung

Name einer Straße:	„die bunge-lose“
Name des Berges:	„Poppenberg“
Stadtbuch:	Eintragung
Neue Pforte:	Inschrift
Kirchenfenster:	Bilder
Münze:	zur Erinnerung

Der Text bietet Anlass zu Umgestaltung und Ausgestaltung:

- *Gestaltet ein Gespräch zwischen Eltern, die soeben von dem Unglück erfahren haben.*
- *Entwerft einen Steckbrief, mit dessen Hilfe der Rattenfänger aufgespürt werden soll.*
- *Schreibt auf, was die zurückgebliebenen Kinder zu erzählen wussten.*
- *Formt den Eintrag in der Stadtchronik (Textausgabe S. 111) in einen Zeitungsbericht um.*

Während der letztgenannte Text nur von den Ratten spricht, ist in der ältesten schriftlichen Aufzeichnung des Ereignisses nur von der Entführung der Kinder die Rede. Heinrich Spanuth ist es gelungen, die „Lüneburger Handschrift“ wieder zu entdecken. Sie ist etwa hundert Jahre nach der Begebenheit entstanden.

Wenn sie den ältesten Teil bildet, kann die Erzählung von der Befreiung der Stadt von den Ratten nur später hinzugefügt worden sein. Spanuth hat dargelegt, dass die Verbindung beider Teile zwischen 1550 und 1560 erfolgte. Damit stellt sich die Frage, was sich hinter der Entführung der Kinder verbirgt.

Der Rattenfänger von Hameln – Er hat wirklich gelebt (S. 113–116)

- *Lest den Text von Thomas Froehling und notiert die wichtigsten Informationen.*

Was wirklich geschehen sein könnte

- Rattenplagen waren im Mittelalter nicht selten.
- Das hing mit den hygienischen Verhältnissen zusammen.
- Ratten reagieren auf bestimmte Laute.
- Der Rattenfänger war ein „Menschenfänger“.
- Er suchte Jugendliche für die Ostkolonisation.
- Diese haben sich bei der Stadt Brünn angesiedelt.
- Sie nannten ihr Dorf (Neu)Hameln, heute: Hamlingow.

Von Hameln nach Hamlingow

Es ist für junge Menschen heute nicht leicht, sich vorzustellen, wie damals 130 „Kinder“ von Hameln nach Brünn kommen konnten (vgl. auch den Zug der Burgunder zu Etzel: Z 1). Möchte man mit ihnen dieses Problem behandeln, am besten in Zusammenarbeit mit dem Fach Geschichte, dann stellen sich mehrere Einzelfragen:

1. Auf welchen Wegen gelangt(e) man von Hameln nach Brünn?
2. Wie lang ist die gewählte Strecke?
3. Welche natürlichen Hindernisse waren zu überwinden?
4. Wie waren Unterkunft und Verpflegung zu beschaffen?

1. Es ist anzunehmen, dass der Werber den Weg kannte. Luftlinie beträgt die Strecke Hameln-Brünn ca. 600 km. Frühere Reisewege waren Handelswege. Einer führte von Hameln nach Hildesheim; unterwegs konnte man nach Einbeck abbiegen und der Straße durch das Leinetal folgen. Über Göttingen-Erfurt-Leipzig bewegte man sich auf der „Hohen Straße“, die bis Breslau führte. Von ihr zweigte eine Straße nach Brünn ab. Eine Alternativroute führte über Nürnberg.

2. Der kürzere Weg war damals sicher oft der beschwerlichere, wenn er überhaupt gerade möglich war. So wird man zu der oben angegebenen Entfernung von 600 km wohl noch 1/3 hinzugeben müssen. Damit könnte die tatsächliche Wegstrecke circa 800 km betragen haben. Es war sicherlich nicht möglich, jeden Tag eine gleich lange Strecke zurückzulegen. Einmal kam man gut voran, ein anderes Mal musste man eine Pause einlegen. Deshalb darf man für dieses Rechenexempel einmal von einem Durchschnittswert ausgehen. Bei einer Tagesleistung von 10 km brauchte man drei Monate, also den ganzen Sommer, um von Hameln nach Brünn zu gelangen. Wenn der Zug am 26. Juni aufbrach, erreichte er sein Ziel um den 26. September, zu Beginn des Herbstes, gerade noch rechtzeitig vor Einbruch der kalten Jahreszeit.

3. Natürliche Hindernisse waren Flüsse und Gebirge. Jene wurden an seichten Stellen, diese auf Pässen überwunden.

4. Die jungen Menschen lebten von den Früchten, die sie unterwegs fanden; Wasser gab es an Quellen und in Bächen. Vielleicht halfen sie auch einmal bei Bauern gegen Unterkunft und Verpflegung. Im Sommer konnten sie oft unter freiem Himmel schlafen.

- ❐ *Von Hameln nach Hamlingow – Bericht über einen langen Marsch von einem, der daran teilnahm ...*
- ❐ *Reiseunternehmen bieten heute „Abenteuerurlaub“ an. Könnt ihr euch denken, warum sie das tun?*
- ❐ *Verfasst einen Lexikonartikel über die Stadt Hameln.*
  Berücksichtigt dabei, dass die Gestalt des Rattenfängers der wichtigste Werbeträger ist.
- ❐ *Beschreibt die Abbildungen auf Seite 112.*
- ❐ *Im Stadtprospekt heißt es:*
  „Rattenfänger-Freilichtspiele
  Aufführung der alten Sage mit ca. 80 Mitspielern in historischen Kostümen an jedem Sonntag um 12.00 Uhr auf der Hochzeitshausterrasse, Dauer 30 Minuten (kostenfrei).“
  Entwerft Werbeplakate für die Stadt Hameln und hängt sie in der Klasse auf.

5.4 Claus Störtebeker und Gödeke Michael (S. 116–121)

Störtebekers Leben und Treiben (S. 116–121)

Während die bisher behandelten Volkssagen aus einer einzigen Episode bestehen, wird von Störtebeker und seinem Kumpan Gödeke Michael eine Folge von Abenteuern erzählt und zum Ganzen eines Lebenslaufs zusammengefügt. Über Störtebekers Herkunft sind die Meinungen geteilt. Sowohl in der friesischen als auch in der mecklenburgischen Sagentradition wird Anspruch auf ihn erhoben. Mit leichtem Vorbehalt heißt es in der vorliegenden Sammlung: „Störtebeker *soll* von der Halbinsel Jasmund stammen und eines Bauern Sohn aus Ruschvitz sein“ (S. 116, Z. 5–7). Ruschvitz ist heute ein Ortsteil von Glowe. Die rivalisierende Sagentradition verlegt seinen Geburtsort an die Nordsee; der Oldenburger Hermann Lübbing schreibt: „Woher Störtebeker stammt, weiß niemand recht. Einige sagen, er sei in Ostfriesland geboren, aber die meisten berichten, er sei eines Edelmanns Sohn aus Halsmühlen bei Verden an der Aller“ (Friesische Sagen von Texel bis Sylt. 1928. Nachdruck 1977, S. 66). Beide Überlieferungen sind sich aber darin einig, dass er in Hamburg gefangen und mit Gödeke Michael und den anderen Freibeutern hingerichtet wurde. Das geschah 1401. Störtebeker und Gödeke Michael gehörten zu den „Vitalienbrüdern“. Diese Bezeichnung rührt daher, dass diese unerschrockenen Männer einige Jahre hindurch die belagerte Stadt Stockholm in Schweden mit „Viktualien“ (Lebensmitteln) versorgten. Schließlich führten sie einen Kaperkrieg, vor allem gegen die Hanse. Da sie die Beute in gleicher Weise aufteilten, wurden sie auch „Liekedeeler“ – also „Gleichteiler“ – genannt.

Die Klasse liest zunächst den gesamten Text zu Hause. Im Gespräch können dann Einzelfragen geklärt werden, beispielsweise nach den erwähnten Örtlichkeiten. Hierzu empfiehlt es sich, eine Wandkarte des Nord- und Ostseeraumes zu betrachten.

Als Nächstes sollten sich die Schüler einen Überblick über den Text verschaffen. Zu diesem Zweck müssen sie ihn in die erzählten Episoden (mit Seitenangabe) einteilen. Zweckmäßig ist es, für jede Episode eine Überschrift zu formulieren oder den Inhalt in einem Stichwort festzuhalten.

- *Gliedert den Text unter besonderer Berücksichtigung der Episoden und bildet Überschriften.*

Die Ergebnissicherung erfolgt durch einen Folientext:

Was man sich von Störtebeker erzählt

1. Herkunft: „eines Bauern Sohn aus Ruschvitz“ (S. 116, Z. 1–117,6)
2. Schlupfwinkel: die Stubbenkammer auf Rügen (S. 117, Z. 7–16)
3. Drei Beispiele seines Verhaltens:
   a. Er hilft einer armen Frau auf Rügen (S. 117, Z. 22–28).
   b. Er hilft einem Mann in Hagen auf Jasmund (S. 117, Z. 28–35).
   c. Er hilft einer Witwe in Bobbin (S. 117, Z. 36–S. 118, Z. 3).
4. Die Rüganer fassen ihn und richten ihn hin (S. 118, Z. 4–19).
5. Ein Tagelöhner wird durch Kauf der Mastbäume reich (118, 20–32).
6. Seine Gefangennahme wird in zwei Versionen erzählt:
   a. Rüganer verkeilen die Steuer seiner Schiffe (118, 37–119,8).
   b. Ein Hamburger gießt Blei in Störtebekers Steuer (119, 13–35).
7. Bei seiner Hinrichtung rettet er Gefährten (S. 119, Z. 36–120,11).

Die Schülerinnen und Schüler können die Episoden in Gruppen sowohl nacherzählen als auch umformen; dazu bietet sich ein Wechsel der Perspektive an, so bei den unter (3) mitgeteilten Beispielen seines Verhaltens:

- ❐ *Die arme Frau erzählt: Wie Störtebeker mir zu Wohlstand verhalf.*
- ❐ *Der Mann aus Hagen auf Jasmund erzählt: Wie Störtebeker mir aus der Not half.*
- ❐ *Die Frau aus Bobbin erzählt: Wie Störtebeker mich vor Obdachlosigkeit bewahrte.*
- ❐ *Ein Fischer von Rügen erzählt: Wie wir die Schiffe der Seeräuber manövrierunfähig machten.*
- ❐ *Der Fischer aus Hamburg erzählt: Wie ich das Schiff von Störtebeker und Gödeke Michael unbrauchbar machte.*
- ❐ *Seemannsgarn? Einer der Seeräuber, denen Störtebeker bei seiner Enthauptung das Leben rettete, erzählt die Begebenheit in einer Seemannskneipe: Dass ich frei gekommen bin, verdanke ich nur ihm! ...*
  Erzählt die Geschichte weiter.
- ❐ *So etwas habe ich noch nie erlebt. Der Scharfrichter berichtet vom Ende des berühmten Seeräubers.*

„Störtebekers Jugend“ (S. 120–121)

In dieser kurzen Sequenz wird Störtebekers Jugendgeschichte nachgeholt: Wie er als junger Edelmann aufgrund seiner Lebensweise verarmt und sich den Piraten anschließt (120, 1–11), wie Gödeke Michael den Oberbefehl mit ihm teilt und wie er zu seinen Namen kommt (S. 120, Z. 12–S. 121, Z. 2).

„Störtebeker“ ist die plattdeutsche Form von „Stürz den Becher“. Es ist ein „sprechender“ Name, der seinen Träger aufgrund einer besonderen Fähigkeit charakterisiert.

- *Erfindet eine (glaubhafte) Episode aus Störtebekers Jugend.*
- *Ein Jugendfreund erinnert sich:*
  „Claus war ein Junge aus der Nachbarschaft. Wir haben oft miteinander gespielt und auch manchen Streich gemeinsam ausgeheckt. Schon damals war er wagemutig. Eines Tages schlug er vor, wir sollten uns auf dem Kornboden eines Bauern verstecken ...“
  Schreibt den Text zu Ende.

Claus Störtebeker (S. 121)

- *Seht euch das Bild auf Seite 121 an. Wie wirkt der Mann auf euch? Beschreibt ihn.*
  Ein energisches Gesicht! Der scharfe Blick ist auf ein Ziel gerichtet. Die Nase ist markant. Das lange Haar, der kecke Oberlippenbart und der Vollbart, der das Kinn kräftig hervortreten lässt, geben ihm ein energisches Aussehen.
  Die Mütze sitzt „verwegen“ auf dem Kopf. Der Oberkörper steckt in einem schweren Wams. Die rechte Hand ist in die Seite gestemmt, die linke ruht kampfbereit am Schwertgriff ...
- *Verfasse (aufgrund dieser Darstellung oder nach deiner eigenen Vorstellung) einen Steckbrief von Störtebeker.*

Sämtliche der bisher behandelten historischen Sagen werden von den Orten, an denen ihre Handlung spielt, als Werbeträger vermarktet. In Ralswiek auf Rügen werden alljährlich „Störtebeker Festspiele“ durchgeführt. Diese sind besonders bei Urlaubern und Gästen sehr beliebt. Informationen können unter folgender Anschrift angefordert werden:

Störtebeker Rügen Service
Am Bodden 100
18528 Ralswiek

- *Schreibt ein Stück für die Störtebeker Festspiele und entwerft ein Plakat als Ankündigung der Aufführung.*
- *Dass Störtebeker sich großer Popularität erfreut, könnt ihr in Reiseführern nachlesen. In einem heißt es:*
  Zwölf Städte und Dörfer beanspruchen Klaus Störtebeker für sich, den wohl berühmtesten Anführer der Vitalienbrüder, auch Likedeeler („Gleichteiler“) genannt, die um 1400 in der Ost- und Nordsee als Freibeuter operierten. Einer Sage zufolge soll der Pirat, den die Legende zu einem Robin Hood der Ostsee verklärte, in Ruschvitz, einem Ortsteil von Glowe, zur Welt gekommen sein. Die Menschen auf Rügen sagen über „ihren“ Volkshelden, der 1401 in Hamburg hingerichtet wurde: „Störtebeker is'n fein Kirl. Arm Lüd hett he wat gewen. Riek Lüd wat namen.“
  Erklärt diese Popularität.
  Bernd Wurlitzer: Mecklenburg-Vorpommern. Köln 1992, S. 270–271.
- *Schreibt einen Beitrag für die Schülerzeitung zum Thema: Claus Störtebeker, der Robin Hood der Ostsee?*

5.5 Dr. Faustus (S. 122–144)

Wer die „Historia“ von 1587 aus der Kenntnis von Goethes „Faust“ sieht, wird wahrscheinlich am Wissensdrang der Titelfigur interessiert sein. Für die Zielgruppe dieser Sagensammlung sind vielleicht die Kunststücke des Magiers eher von Bedeutung. Was für ein Mensch der historische Faust war, teilt Babette Berg unter der Überschrift „Dr. Faust – Magier oder Scharlatan?“ mit (Textausgabe S. 140–144).

Über die Rezeption der „Historia“ schreibt Erich Trunz: „Das deutsche Faustbuch von 1587 war rasch nach England gedrungen, wo der geniale junge Dramatiker Christopher Marlowe (geb. 1564) den Stoff ergriff. Im Jahre 1593 starb er; zwischen 1587 und 1593 ist sein Werk entstanden. [...] Marlowes Werk drang im 17. Jahrhundert nach Deutschland. Es gehörte zum Repertoire der Wanderbühnen.“ (Goethes Werke. Hamburger Ausgabe. Band 3, S. 464). Der junge Goethe lernte den Stoff als Marionettenspiel kennen. Er berichtet darüber in „Dichtung und Wahrheit“: „Die bedeutsame Puppenspielfabel [...] klang und summte gar vieltönig in mir wider“ (Hamburger Ausgabe. Band 9, S. 413).

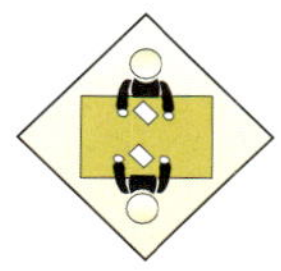

Um dieser Gestalt aus einer ihnen fremden Welt näher zu kommen, sollten die Schüler zunächst die Titelseite der „Historia von D. Johan Fausten“ (in Partnerarbeit) entziffern und nach den Regeln der heutigen Rechtschreibung in ihr Heft übertragen (Arbeitsblatt 7, S. 70). Anschließend werden die zentralen Informationen stichwortartig an der Tafel festgehalten (s. S. 71).

Folgende Fassung ist vertretbar:

Geschichte
von D(oktor) Johan(n)
Faust, dem hochberühmten
Zauberer und Schwarzkünstler,
Wie er sich dem Teufel auf eine be-
stimmte Zeit verschrieben, was er in der Zwischenzeit für
seltsame Abenteuer erlebt, selbst angerich-
tet und getrieben, bis er endlich sei-
nen wohlverdienten Lohn
empfangen.

Meistenteils aus seinen eigenen hin-
terlassenen Schriften, allen hochmütigen,
vorwitzigen und gottlosen Menschen zum schrecklichen
Beispiel, Abscheu erregenden Exempel, und treu-
herziger Warnung zusammenge-
stellt und zum Druck vor-
bereitet.

Jacobus IIII.
Seid Gott ergeben, widersteht dem
Teufel, so flieht er von euch.

Mit Gnaden und Vorrecht.
Gedruckt zu Frankfurt am Main
durch Johann Spies.
M. D. LXXXVII.

Titelseite der „Historia“

HISTORIA
Von D. Johañ
Fausten/dem weitbeschreyten
Zauberer vnnd Schwartzkünstler/
Wie er sich gegen dem Teuffel auff eine benandte zeit verschrieben/ Was er hierzwischen für seltzame Abentheuwer gesehen / selbs angerichtet vnd getrieben/ biß er endtlich seinen wol verdienten Lohn empfangen.
Mehrertheils auß seinen eygenen hinderlassenen Schrifften/allen hochtragenden/ fürwitzigen vnd Gottlosen Menschen zum schrecklichen Beyspiel/abscheuwlichen Exempel/vnd treuwhertziger Warnung zusammen gezogen/vnd in den Druck verfertiget.
IACOBI IIII.
Seyt Gott vnderthänig / widerstehet dem Teuffel/ so fleuhet er von euch.
CVM GRATIA ET PRIVILEGIO.
Gedruckt zu Franckfurt am Mayn/ durch Johann Spies.
M. D. LXXXVII.

(Lebens)Geschichte
von D(octor) Johan(n)
Faust, dem hochberühmten
Zauberer und Schwarzkünstler[1]

Übertrage die nebenstehende Titelseite der HISTORIA von 1587 Zeile für Zeile in heutiges Deutsch.

[1] einer, der sich auf Zauberei oder Magie versteht, ein Hexenmeister

Die Titelseite des Faustbuches

Gattung:	Historia, Geschichte
Titelfigur:	D. Johann Faust
Inhalt:	Teufelspakt, Leben und Verderben
Quellen:	Fausts Schriften
Absicht:	allen stolzen, wissbegierigen und gottlosen Menschen zum abschreckenden Beispiel
Bibelstelle:	Jacobusbrief 4,7
Motto:	Bibelspruch zur Ermahnung
Druckort:	Frankfurt am Main
Verleger:	Johann Spies
Jahr:	1587

Der vorliegende Text stellt im Umriss das ganze Leben Fausts zwischen seiner Geburt und seinem Tode dar. Dieser Zusammenhang eines Lebensganzen muss den Schülern vermittelt werden. Dazu bietet sich nach häuslicher Lektüre der zusammenfassende Bericht an. Eine vertiefende Analyse erfordern jene Kapitel, die Fausts Leben seinen besonderen Charakter verleihen: der Anfang bis zum Wendepunkt, dem Pakt, der Versuch einer Umkehr und Mephistos erfolgreiche Vereitelungsstrategie, seine Zauberkünste, das mit dem Pakt korrespondierende Ende.

Die folgende Tafelskizze veranschaulicht die Struktur.

Dr. Faustus – Strukturskizze

Der Weg zum Pakt mit dem Teufel:
Theologie
Wissenschaft
Magie

PAKT

↓

Reihung entsprechend dem Ablauf des Lebens

Stationen:
Erste Wünsche
Heiratsabsicht
Das Gewissen
Naturforscher
Weltfahrt
Künstler
Streiche
Professor
Wehklage

ENDE

Übersicht über die Kapitel und ihre Behandlung:

1.	Dr. Faust kehrt sich von der Offenbarung ab	Analyse
2.	Dr. Fausts Pakt mit dem Teufel	Analyse
3.	Dr. Faust wollte sich verheiraten	Bericht
4.	Wie Dr. Fausts Gewissen sich noch einmal meldete	Analyse
5.	Dr. Faust als Naturforscher	Bericht
6.	Dr. Fausts Weltfahrt	Bericht
7.	Dr. Faust als Künstler am Kaiserhof	Bericht
8.	Dr. Fausts Streiche	Bericht
9.	Dr. Faust als Professor in Erfurt	Analyse
10.	Dr. Fausts Wehklage	Bericht
11.	Dr. Fausts schreckliches Ende	Verarbeitung

Dr. Faust kehrt sich von der Offenbarung ab und wendet sich den weltlichen Wissenschaften zu (S. 122)

Was die Überschrift andeutet, stellt das Kapitel im Einzelnen als Bildungsgang dar. Die Schüler erhalten folgenden Arbeitsauftrag:

❐ *Lest den Text, gliedert ihn und notiert die wichtigsten Einzelheiten. Berücksichtigt vor allem Fausts Weg bis zum Teufelspakt.*

Mit folgendem Ergebnis ist zu rechnen:

Herkunft: Sohn eines Bauern (Z. 1–3)
Adoption: Annahme an Kindes Statt durch Onkel (Z. 3–5)
Erfolgreiches Studium: Magister und Dr. der Theologie (Z. 5–9)
Abkehr von der Offenbarung: Studium der Wissenschaften (Z. 9–21)
Scheitern im Studium: Hinwendung zur Magie (Z. 21–23)
Letzte Station: der Teufel (Z. 23–26)

Dr. Fausts Weg bis zum Teufelspakt

Sohn eines Bauern
Adoption durch einen Onkel
Studium der Theologie
Studium der Wissenschaften
Hinwendung zur Magie
Pakt mit dem Teufel

Faust hat also eine intellektuelle Begabung, die nach Erkenntnis strebt. So durchläuft er mehrere Stationen: Nach dem Studium der Theologie und der weltlichen Wissenschaften wendet er sich der Magie (dem Zauber) und schließlich dem Teufel zu.

Dr. Fausts Pakt mit dem Teufel (S. 122–126)

Auch bei diesem Kapitel ist zunächst eine Gliederung angeraten: Zunächst beschwört Faust den Teufel (S. 122, Z. 27–S. 123, Z. 16). Dann folgen die Verhandlungen in Frage, Antwort und Weiterführung (S. 123, Z. 17–S. 124, Z. 32). Sie werden unterbrochen von der Warnung „O, homo, fuge“ (S. 124, Z. 28–30). Der

Brief als Vertragsurkunde (124, Z. 33–S. 125, Z. 17), den Faust eigenhändig mit seinem Blute schreibt, stellt ein in sich geschlossenes Dokument dar. Unmittelbar nach seiner Übergabe muss Mephisto Fausts erste Wünsche erfüllen: Er verlangt „die stattlichsten Kleider und Schuhe" sowie „ein üppiges Mahl". Fausts Famulus Wagner gefällt dieses Leben auch.

Zwei kurze Dialoge finden zwischen Faust und Mephistopheles statt, der Luzifer als seinen Herrn bezeichnet (dessen Herkunft und Wesen werden ausführlich beschrieben: S. 123, Z. 24–S. 124, Z. 1). Im ersten Dialog formuliert Faust seine Wünsche als Antwort auf die Frage „Was begehrst du von mir?" Bei der zweiten Begegnung legen beide Seiten ihre Positionen dar, und zwar zunächst mündlich: Mephistopheles will Faust „unter gewissen Bedingungen vierundzwanzig Jahre lang in allem untertänig und gehorsam sein" (S. 124, Z. 10–12). Diese Bedingungen werden im Wortlaut mitgeteilt:

„1. Du musst den christlichen Glauben verleugnen und dich losmachen von Gott.
2. Du darfst niemanden lieben als dich selbst."

Faust erklärt sich damit einverstanden. Gültigkeit erlangt der Pakt dadurch, dass Faust die Bedingungen beider Seiten in einem Brief schriftlich fixiert und mit seinem Blut unterschreibt. Dieser Brief sollte im Unterrichtsgespräch analysiert werden. Dabei wird den Schülern der besondere Charakter schriftlicher Vereinbarungen bewusst.

❐ *Lest das Kapitel „Dr. Fausts Pakt mit dem Teufel" (S. 122–126) zunächst ganz. Gliedert dann den Brief (S. 124, Z. 33–S. 125, Z. 17).*

Gliederung des Briefes

- Name und einleitende Floskel.
- Fausts bisheriges Leben, Hinwendung zu Mephisto, dessen Pflichten.
- Fausts Versprechen. Zusatzverpflichtung.
- Erklärung. Unterschrift.

Der schwierige zweite Satz erschließt sich über eine Analyse seiner Struktur. Er stellt ein Satzgefüge dar, das aus einem Nebensatz (Temporalsatz mit kausalem Charakter) und einem nachgestelltem Hauptsatz besteht: „Nachdem ich ..., so habe ich gegenwärtigem Geist ... mich untergeben, auch denselben ... mir erwählt, der mir auch versprochen hat ..."

Faust rechtfertigt seine Hinwendung zu Mephisto unter Hinweis auf das Scheitern seiner bisherigen Bemühungen: „die Elemente zu erforschen" sei ihm weder aufgrund seiner ihm von Gott verliehenen Begabung, noch mit menschlicher Hilfe gelungen (S. 124, Z. 34–S. 125, Z. 5). So (Deshalb) habe er sich dem (anwesenden) Mephisto unterstellt und diesen erwählt, ihn (über die Elemente) zu belehren; Mephisto habe ihm auch versprochen, ihm in allem zu dienen und zu gehorchen (S. 125, Z. 2–6).

Faust wiederum verspreche Mephisto, dass er ihm nach 24 Jahren mit Gut, Leib und Seele zufalle (S. 125, Z. 7–11).

Dazu (Zu diesem Zweck) sage er sich von Gott und den Menschen los (S. 125, Z. 11–13).

❐ *Was erwartet Faust von Mephisto und wozu verpflichtet er sich?*

Auch die beiden folgenden Kapitel sind ohne gedankliche Anstrengung nicht zu bewältigen. Wichtig ist, dass die Schüler sich darum bemühen, die Argumentation nachvollziehen.

Dr. Faust wollte sich verheiraten (S. 126–127)

Die Klasse erfasst das Kapitel dadurch, dass sie die Frage beantwortet, wie der Teufel ihn davon abbringt. Er tut es unter zwei Aspekten: Liebe bedeute Abhängigkeit (Z. 6–17), Liebe bringe Mühe mit sich (Z. 17–24). Als Faust darauf besteht, eine Frau zu bekommen, bringt der Teufel ihn vom Gedanken der Ehe ab: In der Ehe dürfe er nur eine Frau haben, außerhalb der Ehe so viele, wie er möchte. Die Schüler klären ihr Verständnis durch Beantwortung folgender Frage ab:

❐ *Wie gelingt es Mephisto, Faust von seinem Heiratsplan abzubringen?*

Wie Dr. Fausts Gewissen sich noch einmal meldete (S. 127–129)

Auch dieses Kapitel ist arm an äußerer Handlung und deshalb nicht leicht zugänglich. Fausts Gewissen meldet sich noch einmal. Er träumt von der Hölle und fragt Mephisto nach ihrer Beschaffenheit. Nach der ausführlichen Antwort (S. 127, Z. 12–S. 128, Z. 18) beschließt Faust umzukehren, aber der Teufel bringt ihn zunächst in Gestalt einer schönen Frau davon ab und erklärt ihm später, dass es für Umkehr und Reue zu spät sei.

Zur Ergebnissicherung nehmen die Schüler eine Umformung vor:

❐ *„Mein guter Famulus, fast wäre es mir gelungen umzukehren und mich aus der Gewalt Mephistos zu befreien ..."*
Führe diesen Brief Fausts an seinen Schüler und Famulus fort.

Dr. Faust als Naturforscher (S. 129)

Als Erstes stellt sich folgende Frage:

❐ *Warum wendet sich Dr. Faust der Wissenschaft zu?*

Die Antwort: weil er von den sinnlichen Genüssen gesättigt ist. Zu Erkenntnissen gelangt er allerdings nur mithilfe des Teufels. Der Verfasser der „Historia" schreibt ihm die Entdeckung des heliozentrischen Weltbildes zu, das mit Nikolaus Kopernikus (1473–1543) ein Zeitgenosse Fausts entdeckte. Der Titel seines Werkes lautet: „De revolutionibus orbium coelestium libri VI" (Sechs Bücher über die Umläufe der Himmelskörper; 1543). In gleicher Weise werden Faust Gedanken von Nikolaus von Cues (1401–1464), von Giordano Bruno (1548–1600) und den Atomisten Leukipp und Demokrit (5. Jh. vor Chr.) zugeschrieben. Die wahren Zusammenhänge lassen sich anhand einer Darstellung der Geschichte der Philosophie aufweisen. Hans Joachim Störig schreibt:

> „Wenn Cusanus die von Kopernikus bewirkte Revolution der Vorstellungen vom Sonnensystem in Gedanken vorweggenommen hatte, so hat Bruno den Gedanken des Kopernikus gekannt und bewusst in sich aufgenommen; er tut aber wiederum einen spekulativen Schritt über diesen hinaus und spricht etwas aus, was erst die spätere Forschung bestätigt hat: Kopernikus hatte unsere nächste himmlische Umgebung als ein um die Sonne laufendes System beweglicher Sterne erkannt, jenseits dessen aber den Fixsternhimmel als festes Gewölbe bestehen lassen. Bruno treibt den Gedanken weiter. In dichterischer Schau sieht er das Universum als eine unermessliche Unendlichkeit, erfüllt von zahllosen Sonnen, Sternen, Weltsystemen, ohne Grenzen und ohne Mittelpunkt, in beständiger Bewegung. Den Gedanken des unendlichen Universums entlehnt er dem Werk des Cusanus [...]“
>
> Aus: Joachim Störig: Weltgeschichte der Philosophie. Neuausgabe 1985, S. 300

Der Hinweis auf Faust als Meteorologen hat jedoch Bezug zum historischen Vorbild (S. 129, Z. 31–37).

Die beiden nächsten Kapitel (6. „Dr. Fausts Weltfahrt“ und 7. „Dr. Faust als Künstler am Kaiserhof“) lassen sich knapp zusammenfassen (S. 130–132).

Wie schon die Überschrift des 8. Kapitels andeutet („Dr. Fausts Streiche“), gewinnt die Darstellung dann endlich den Charakter des Konkreten (S. 132–133). Faust braucht den Wechsel, das wird mehrfach am Anfang eines Kapitels betont. Diesmal heißt es, dass er das feine Hofleben satt hatte und es ihn wieder nach Derberem verlangte. Zwei seiner Streiche werden mitgeteilt: wie er einen Pferdehändler betrügt (S. 133, Z. 2–18) und wie er Bauern und Händler hypnotisiert (S. 133, Z. 19–28). Beide Geschichten können aus der Perspektive der Betroffenen erzählt werden.

- *Der Rosshändler erzählt: Wie Dr. Faust mich um 40 Gulden brachte.*
- *Ein Bauer erzählt: Wie Dr. Faust uns einmal erstarren ließ.*

Dr. Faust als Professor in Erfurt (S. 133–135)

Mit dem fast schon üblichen Hinweis darauf, dass es Faust nach neuer Beschäftigung verlangt, wird sein Treiben als Professor in Erfurt eingeleitet. Hier widmet er sich dem Studium der antiken („heidnischen“) Schriftsteller (S. 133, Z. 31–S. 134, Z. 5), hier lässt er die schöne Helena erscheinen (S. 134, Z. 5–18), hier zaubert er Speise und Trank für seine Studenten auf den Tisch (S. 134, Z. 18–40). Zugleich naht das Ende der Frist, die ihm gegeben ist. Zuvor muss Mephisto ihm noch Helena als Frau verschaffen, und sie gebiert ihm sogar einen Sohn.

Zu diesem Kapitel lässt sich Babette Bergs Beitrag (Textausgabe S. 140–144) heranziehen (Arbeitsblatt 8, S. 77).

Die Autorin entlarvt Dr. Faust als Scharlatan und erklärt, wie er seine Zauberstücke ausführte. An zwei der bekanntesten Beispiele seiner „Kunst“ können die Schülerinnen und Schüler das nachvollziehen.

„Dr. Faust – Magier oder Scharlatan?“ – Erwartete Ergebnisse

1. Dr. Faust lässt die schöne Helena erscheinen:
   Wichtige Voraussetzung: Das Lokal wird verdunkelt. Die Studenten können folglich nur die Umrisse der Personen sehen; Einzelheiten sind nicht zu erkennen. Außerdem vertrauen sie ihrem Professor, und so lassen sie sich leicht täuschen.

2. Der Weinzauber:
   Er gelingt, weil Dr. Faust mit der Hypnose vertraut war. Er versetzte seine Gäste in eine Art von Wachschlaf. In diesem Zustand kam ihnen wie Wein vor, was in Wirklichkeit Wasser war.

3. Folgende Umstände erleichterten es Dr. Faust, seine Opfer zu täuschen:
   - Er trat mit dem Titel eines Doktors auf (S. 142, Z. 1–3).
   - Er sollte mit dem Teufel im Bunde stehen (S. 142, Z. 5–7).
   - Ihm wurden überirdische Kräfte zugesprochen (S. 142, Z. 35–40).

4. *Wundertäter als Scharlatan entlarvt – Was in Wirklichkeit geschah*

   Das Publikum lag ihm zu Füßen. Wer außer Dr. Faust hätte das vollbringen können, was gestern zu erleben war? Der Saal des Gasthofs „Zum Stern“ war überfüllt, als der berühmte Professor seine Zauberstücke vorführte.

   Angeregt durch seine Vorlesung über die Antike, bestürmten die Studenten ihn, die schöne Helena erscheinen zu lassen. Er sagte es ihnen zu, verbot ihnen aber zu reden oder aufzustehen.

   Außerdem verdunkelte er den Raum, ehe er hinausging. Als er wieder hereinkam, folgte Helena ihm auf dem Fuße. Die Wirkung war unbeschreiblich! Die Anwesenden waren wie von Sinnen, als sie die schönste Frau der Antike erblickten.

   Die Sache hatte nur einen Haken – bei der Dame, die Dr. Faust hereinführte, handelte es sich nicht um die schöne Helena, sondern um Stine, die junge Magd aus dem Gasthof. Das blieb den Anwesenden jedoch verborgen, denn infolge der Dunkelheit konnten sie nur Umrisse wahrnehmen, nicht aber einzelne Gesichtszüge. Außerdem waren sie von den übernatürlichen Fähigkeiten des Professors überzeugt, und so sahen sie, was sie sehen wollten.

   Auch für den Weinzauber gibt es eine natürliche Erklärung. Dr. Faust versetzte seine Gäste in Hypnose, eine Art von Wachschlaf. Dann redete er ihnen ein, sie könnten sich ihren Wein zapfen. In Wirklichkeit tranken alle dasselbe, nämlich Wasser.

   Was es dem Betrüger leicht macht, seine Opfer zu täuschen, sind außer seinen Tricks vor allem drei Umstände: der angemaßte Titel eines Doktors; die Überzeugung der Leute, er stehe mit dem Teufel im Bunde; ihre Meinung, er besitze übernatürliche Fähigkeiten. Es wird höchste Zeit, dass dieser „ehrenwerte“ Herr aus Erfurt verschwindet.

Faust kann offensichtlich durch nichts für längere Zeit oder gar dauerhaft zufrieden gestellt werden. Die Schüler können dazu die Kapitelanfänge heranziehen (S. 126, 129, 130, 131, 132, 133). Sie sollten sich mit der Frage beschäftigen, wie das zu erklären ist. Offensichtlich mit dem Hinweis darauf, dass Faust das Vergnügen sucht und nur zu oberflächlichem Genuss fähig ist.

Wahre Erfüllung findet der Mensch erst in einer Aufgabe, in seiner Arbeit. Sie dient nicht nur seinem Lebensunterhalt, sie verleiht seinem Leben auch einen Sinn. Die Schüler können überlegen, unter welchen Bedingungen das der Fall ist. Sie kennen den Begriff des „Traumberufs“; eines Berufes, der einer Begabung entspricht; eines Berufs, der Freizeit ermöglicht ... Hat Faust vielleicht zu viel freie Zeit?

Die Schüler und Schülerinnen ordnen ihre Gedanken unter folgender Fragestellung:

❐ *Warum hat Faust immer neue Wünsche?*

Dr. Faust – Magier oder Scharlatan?

1. *Was in der „Historia“ als Wunder bzw. Zauber erscheint, findet in Babette Bergs Abhandlung „Dr. Faust – Magier oder Scharlatan?“ (Textausgabe S. 140–144) eine natürliche Erklärung. Betrachtet dazu folgende Beispiele:*

Dr. Faust lässt die schöne Helena erscheinen (S. 134, Z. 5–17; S. 143, Z. 15–17). Die Verfasserin nennt zunächst die Voraussetzung für das Gelingen der Beschwörung (S. 143, Z. 15).
Erkläre nun, was es mit diesem Zauber auf sich hatte.

Dr. Faust bewirtet die Studenten (S. 134, Z. 18–39/S. 140, Z. 1–S. 141, Z. 10; S. 142, Z. 28–34).
Welche Erklärung hat B. Berg hierfür?
Lege nun dar, was beim Weinzauber wirklich geschah.

Welche Umstände erleichterten es Dr. Faust, seine Opfer zu täuschen? (Vgl. dazu bes. S. 142, Z. 1–3, Z. 5–7 und Z. 35–40).

2. *Verfasse für den „Erfurter Boten“ einen Bericht über Dr. Fausts Zauberstücke in Erfurt. Überschrift: Wundertäter als Scharlatan entlarvt/Was in Wirklichkeit geschah. Schreibe den Bericht in dein Heft. Illustriere ihn gegebenenfalls.*

Fausts Wehklage/Dr. Fausts schreckliches Ende (S. 135–140)

Die letzten beiden Kapitel sind in ihrer Ausführlichkeit der Versuch des Autors, seine Intention wirksam zum Ausdruck zu bringen. Aus der Geschichte von Dr. Faust soll der Mensch lernen, Gott zu lieben und den Teufel zu meiden, um die ewige Seligkeit zu erlangen.

Die Schüler können die letzten Kapitel aus anderer Perspektive nacherzählen: eines Studenten oder eines Nachbarn.

❐ *Fausts Ende: Ein Nachbar erzählt, was er in der Nacht gehört hat.*

❐ *Warum hat der Verfasser die „Historia" geschrieben? Beantwortet diese Frage aufgrund des letzten Abschnitts (S. 139, Z. 30–S. 140, Z. 3).*

Weitere Aufgaben:

Es gibt auch Passagen, die einen Vorstellungsraum für bildliche Darstellungen eröffnen, vgl. dazu besonders das Kapitel „Dr. Fausts Weltfahrt" (S. 130–131).

❐ *Dr. Faust sieht Städte und Länder aus der Vogelperspektive.*
Wählt ein Motiv und gestaltet es bildlich.

5.6 ❐ Karl Simrock: Dr. Johannes Faust (Puppenspiel)

Die „Historia" von Dr. Faust wurde auch als Puppenspiel bearbeitet. Schon der junge Goethe lernte sie in dieser Form kennen; noch heute gehört sie zum Repertoire der Puppenspieler. Den vorliegenden Text hat Karl Simrock (1802–1876) rekonstruiert. Zwei Szenen seiner Fassung sind abgedruckt (Z 5, S. 86ff.).

II,1: Diese Szene entspricht dem 2. Kapitel der „Historia": „Dr. Fausts Pakt mit dem Teufel" (Textausgabe S. 122–126). Faust fragt hier die Teufel, wie geschwind sie seien, und er entscheidet sich schließlich für Mephistopheles. Dieser sagt, er sei so geschwind wie der Gedanke des Menschen. Faust möchte, dass er ihm 48 Jahre dient; ihm wird aber nur die Hälfte dieser Frist gewährt. Faust verlangt „den Genuss aller Herrlichkeiten der Welt, Schönheit, Ruhm und vor allem wahrhafte Beantwortung aller meiner Fragen". Seine Gegenleistungen sind im Pakt festgelegt: Er schwört „Gott und dem christlichen Glauben" ab und will nach 24 Jahren „mit Leib und Seele" dem Teufel gehören. Während dieser Zeit wird er sich nicht waschen, nicht kämmen und sich weder Haar noch Nägel schneiden (die Folgen sind aber nicht wahrnehmbar); und er verspricht, auf die Ehe zu verzichten.

Die Klasse muss sich zunächst mit dem Text vertraut machen. Dazu dient folgende Aufgabe:

❐ *Lest die Szene mit verteilten Rollen und stellt fest, was in ihr anders ist als im 2. Kapitel der „Historia".*

II,2: Für diese Szene gibt es in der „Historia" keine Vorlage. Die Schülerinnen und Schüler kennen den Kasper als Figur des Puppentheaters. Sie wissen, dass er lustig ist, dass er sich oft verspricht und dadurch andere zum Narren hält und dass er als Gegenspieler des Teufels auftritt. Das bestätigt sich auch hier.
- Vergeblich versucht Asmodi Kasperle zu bewegen, ihm seine Seele zu überschreiben.
- Durch wiederholten Wechsel der Beschwörungsformeln „Perlippe" „Perlappe" hetzt er die Teufel hin und her, wenngleich er dabei selbst außer Atem kommt.

– Auch der Teufel Auerhahn bemüht sich vergeblich, ihn um Leib und Seele zu bringen.

Die Schüler setzen sich mit dem Text unter folgender Frage auseinander:

❒ *Inwiefern wird Kasperle hier seiner euch bekannten Rolle gerecht und zeigt sich den „dummen" Teufeln überlegen?*

Bastelanleitung für kleine und große Stabpuppen (S. 90–91)

Die Schülerinnen und Schüler können den Text des Puppenspiels zwar mit verteilten Rollen lesen. Seiner Form angemessener ist es aber, ihn als Puppenspiel aufzuführen. Dazu müssen sie zunächst (nach der abgedruckten Anleitung, Z 6, S. 90f.) Puppen basteln (vielleicht im Kunstunterricht).

❒ *Bastelt nach der Anleitung Stabpuppen, arbeitet für die Szenen ein Regiebuch aus und übt sie ein.*

❒ *Wenn ihr einen netten Einfall habt, könnt ihr ihn zu einer eigenen Szene ausarbeiten.*
Beispiel: Kasperle bringt Dr. Faust beim Weinzauber durch eine Frage aus dem Konzept und reißt die Studenten gleichzeitig aus ihrer Hypnose: „Ich mag keinen Wein! Kann ich vielleicht ein Bier bekommen?"
Ihr könnt die eingeübten Szenen an einem Elternabend oder beim Schulfest aufführen.

❒ *Möglichkeiten eines Projekts: Beitrag der Klasse zum Schulfest oder Vorführung auf einem Elternabend*

Es treten auf: Dr. Faust und sein Famulus Wagner.
Der Magier zeigt Proben seiner Kunst
1. Dr. Faust beschwört Caesar und Cleopatra
2. Er lässt den Klassenlehrer verschwinden.
3. Ein neues Kunststück von Dr. Faust
...
Musikalische Untermalung: Das Klassentrio
Beleuchtung: Luzifer

„Eine Sage schreiben" (S. 147–149)

Man sagt, die Sage gehöre einem vergangenen, einem vorwissenschaftlichen Zeitalter an. Das stimmt, schließt aber nicht aus, dass auch heute noch Sagen entstehen. Zur Sagenbildung kommt es nämlich aus dem Bedürfnis des Menschen, etwas Unbegriffenes zu erklären. So erzählen Menschen beispielsweise von „Erscheinungen", die sie nicht begreifen können. Dazu gehören in der Gegenwart „Fliegende Untertassen", „Ufos" („Unbekannte Flugobjekte"). Leander Petzoldt teilt einige Berichte darüber mit (Historische Sagen I. Fahrten, Abenteuer und merkwürdige Begebenheiten. 1976, S. 222–225).

Merkwürdige Erscheinungen, die einer Erklärung bedürfen oder den Betrachter zu einer Erklärung herausfordern, gibt es an vielen Orten. So kann man einer Klasse folgende Aufgabe stellen:

❒ *Gibt es in eurer Gegend eine Ruine, einen alten Brunnen, einen nicht mehr verständlichen Ortsnamen oder eine „sprechende" Ortsbezeichnung („Femlinde", „Drachenbaum" ...), die dich zu einer Erklärung in Form einer Sage reizt? Erzähl doch einmal, „wie es gewesen sein könnte".*
Du kannst den Ort des Geschehens auch fotografieren und die Fotos als Illustrationen verwenden.

Die Schauplätze des Nibelungenliedes

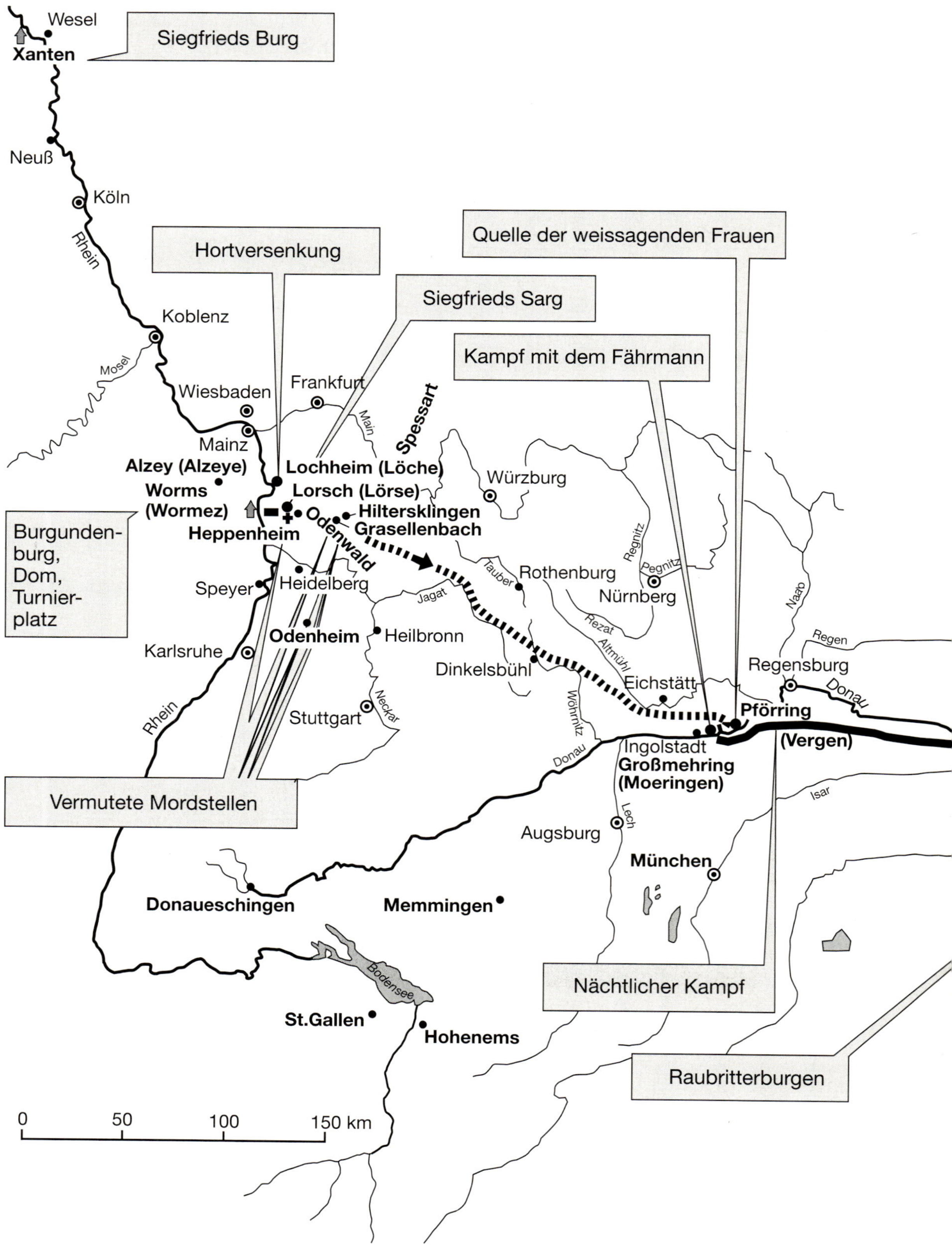

Walter Hansen: Wo Siegfried starb und Kriemhild liebte. Die Schauplätze des Nibelungenliedes. Verlag Carl Ueberreuter, Wien 1997

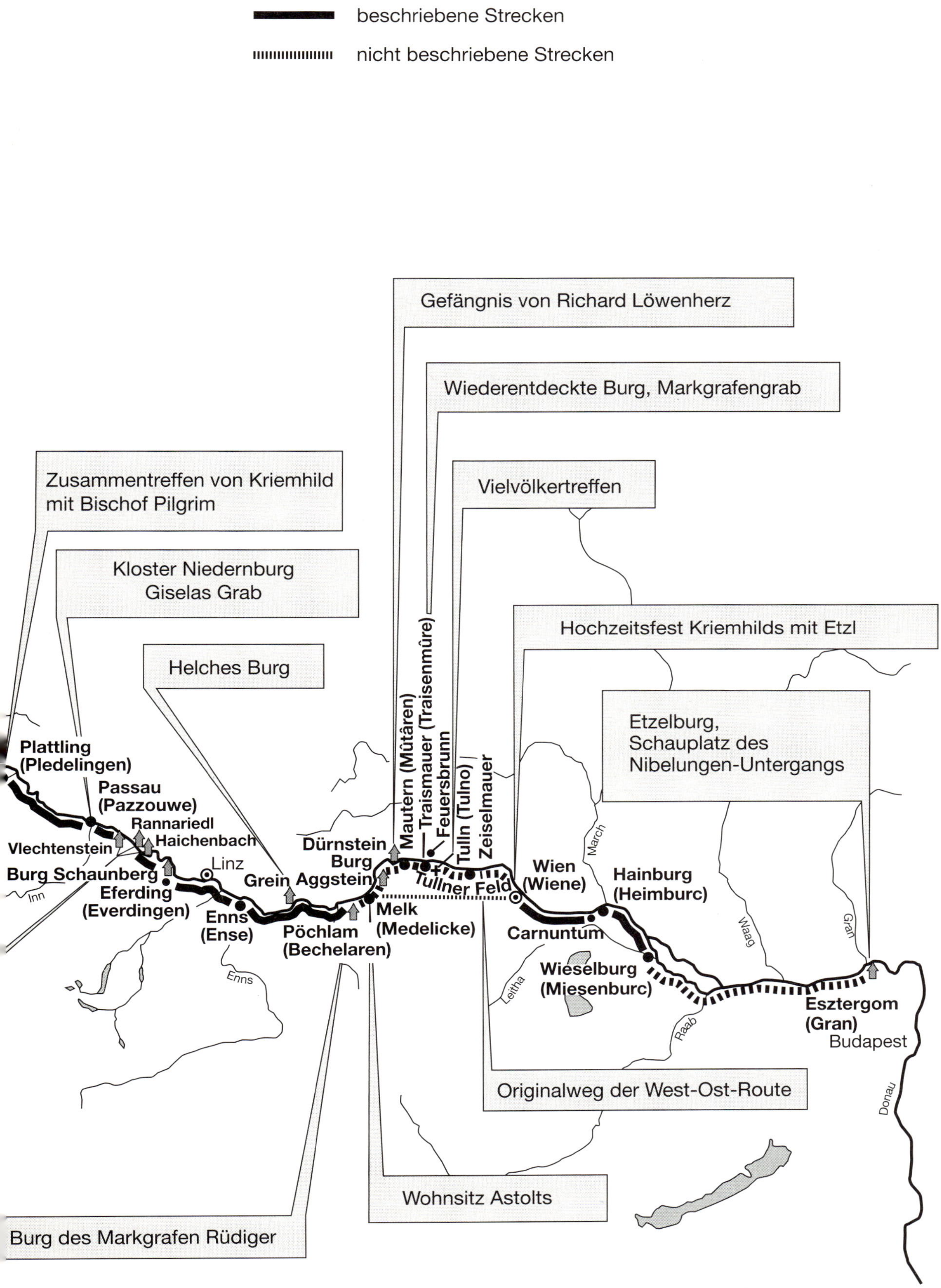
beschriebene Strecken
nicht beschriebene Strecken
Gefängnis von Richard Löwenherz
Wiederentdeckte Burg, Markgrafengrab
Vielvölkertreffen
Zusammentreffen von Kriemhild mit Bischof Pilgrim
Kloster Niedernburg Giselas Grab
Helches Burg
Hochzeitsfest Kriemhilds mit Etzl
Etzelburg, Schauplatz des Nibelungen-Untergangs
Mautern (Mûtâren)
Traismauer (Traisenmûre)
Feuersbrunn
Tulln (Tulno)
Zeiselmauer
Plattling (Pledelingen)
Passau (Pazzouwe)
Rannariedl
Haichenbach
Vlechtenstein
Burg Schaunberg
Linz
Inn
Eferding (Everdingen)
Enns (Ense)
Enns
Grein
Dürnstein
Burg Aggstein
Pöchlam (Bechelaren)
Melk (Medelicke)
Tullner Feld
Wien (Wiene)
March
Hainburg (Heimburc)
Carnuntum
Wieselburg (Miesenburc)
Leitha
Raab
Waag
Gran
Esztergom (Gran)
Budapest
Donau
Originalweg der West-Ost-Route
Wohnsitz Astolts
Burg des Markgrafen Rüdiger

Leben im Mittelalter

Bildung und Erziehung

Die Bildungsweise des Rittertums war ganz dem ritterlichen Leben angepasst; daher fiel zunächst alles fort, was mit Buchgelehrsamkeit zusammenhing, und viele Ritter konnten weder lesen noch schreiben. [...]

So blieb es meist bei der Erziehung zu den Fertigkeiten, die dem Ritter lebensnotwendig waren. Die Knaben begannen etwa mit dem siebten Lebensjahr als Pagen mit einer siebenjährigen Ausbildung im Reiten, Fechten, Schwimmen und den höfischen Lebensformen. Vom 14. bis zum 21. Lebensjahr wurden sie als Knappen außerdem im Waffenhandwerk unterwiesen und in der Jagd. Tanz, Brettspiele, Gesang und Musik ergänzten diese Ausbildung und wurden in den höfischen Sitten erprobt. Die Ausbildung schloss mit dem Ritterschlag [...], der symbolischen Handlung für die Aufnahme in den Ritterstand. Während der Pagenzeit blieb der Knabe meist auf der elterlichen Burg. Als Knappe verließ er sie oft, um mit anderen Knappen gemeinsam erzogen zu werden. Wo Klosterschulen erreichbar waren, besuchten die Kinder des Adels auch diese Schulen, aber meist nur zur Ergänzung der ritterlichen Erziehung.

Erziehung und Unterricht der Mädchen war die Aufgabe der Burgherrin, die darin gelegentlich von Zuchtmeisterinnen unterstützt wurde, die für die besondere Erziehung der künftigen Dame zu sorgen hatten. [...]

Hausrat, Essen, Trinken

Die Dichtungen der Minnesänger, andere literarische Zeugnisse und endlich auch bildliche Darstellungen und sogar erhaltene Objekte vermitteln ein recht anschauliches Bild von den Tafelfreuden und dem häuslichen Dasein im hohen Mittelalter. Höfisches Verhalten mit seinen Leitbildern ‚Zucht' und ‚Maß' wirkt vorbildhaft auf weite Kreise des Volks. Das Aufkommen der Städte mit ihren weit reichenden Handelsbeziehungen trug zur Verfeinerung der Küche bei, und die von den Kreuzzügen heimkehrenden Ritter hatten orientalische Sitten und Gebräuche kennen gelernt.

Bezeichnenderweise dringen durch Vermittlung der islamischen Kultur zu Beginn des 12. Jh. über Spanien die sog. Tischzuchten in Europa ein, Anstandsregeln für Kinder, die aber auch für Erwachsene, und zwar aller Stände, gelten. Wir entnehmen einerseits diesen Vorschriften noch heute gültige Regeln, etwa dass man nicht mit vollem Munde sprechen oder trinken darf, dass man weder hastig essen noch seinem Nachbarn das beste Stück wegnehmen soll, andererseits aber Regeln, die mit unseren heutigen Essmanieren nicht übereinstimmen: Man nahm das in mundgerechte Bissen geschnittene Fleisch mit 3 Fingern aus der gemeinsamen Schüssel und legte es auf Brotscheiben, die eigens zu diesem Zweck gebacken wurden und die Urform unseres Tellers sind. Von hier aus führte man die Speise entweder mit den Fingern oder mithilfe eines Messers zum Mund. Es galt als unfein, bei dieser Prozedur sich mehr als 3 Finger zu benetzen. Die Notwendigkeit des Händewaschens vor und nach der Mahlzeit – an vornehmen Tafeln auch zwischen den Gängen – ergibt sich von selbst und wird, wie auch das einleitende und abschließende Gebet, zu einem festen Punkt im Ablauf eines Mahls. [...]

Je nach dem Grad des Wohlstands wurde auf einer Anrichte das mehr oder weniger kostbare Tafelgerät zur Schau gestellt. Doch war Tischgerät aus Gold, Silber und venezianischem Glas fast ausschließlich dem Adel vorbehalten, während sich das übrige Volk mit Gefäßen aus Holz, Ton oder Waldglas begnügte. Wohlhabendere Bürger besaßen schon ein wenig Geschirr aus Zinn, das zu Ende des 13. Jh. langsam in die städtischen Haushaltungen einzudringen begann.

Die Nahrungsmittel, die zur Verfügung standen, sind seit karolingischer Zeit kaum reichlicher geworden.[1] Geändert hat sich an diesem Zustand nur, dass bessere Speisen in steigendem Maße auch den niederen Volksschichten zugute kamen und dass sich die Zubereitungsarten dank höherer Ansprüche verfeinert haben. Gleichwohl bestand die alltägliche Nahrung des Bauern nach wie vor aus den von ihm erzeugten Lebensmitteln:

---

1 In karolingischer Zeit standen fast alle *Grundnahrungsmittel*, wie heute, zur Verfügung. Eine hoch entwickelte Viehzucht lieferte Fleisch, das durch Pökeln oder Räuchern haltbar gemacht wurde, Milch, die zum Kochen von Brei aus Mehl oder Körnerfrucht diente und viele Sorten Käse ergab, sowie Eier für zahlreiche Speisen. Es gab die meisten Sorten Getreide, wenngleich der Reis immer teuer war und höchstens für Leckereien in vornehmen Häusern verwendet wurde. Hafer- und Gerstenbrot aßen Bauern und arme Leute, Roggenbrot war geschätzter und Weizenbrot war ein Herrenessen. Viel mehr als Brot war aber der Brei das eigentliche Volksnahrungsmittel.
Flüsse und Meere lieferten Fische in großen Mengen, die Mosel führte am Ende des 9. Jh. 16 Arten Fische.

Milchbrei, Eierspeisen, Hülsenfrüchte, Rüben und Kohl, nur feiertags Fleisch.

Es gab im Allgemeinen täglich zwei Mahlzeiten (morgens nach der Messe und die Hauptmahlzeit gegen Abend), dazwischen nahm man um die Mittagszeit einen kleinen Imbiss ein. Aus den wenigen erhaltenen Speisefolgen lässt sich ein für unseren Geschmack sinnvoller Ablauf der einzelnen Gerichte nicht entnehmen. Lediglich, dass Früchte und Süßigkeiten zum Schluss gereicht wurden, entspricht unseren heutigen Vorstellungen von der Komposition einer Mahlzeit.

Bier und Met bleiben im Norden die herkömmlichen Getränke des Volks. Wein galt im 12. Jh. als ritterlicher Trank, der den Met immer mehr verdrängt. Seit dieser Zeit entwickelt sich in Europa ein ausgedehnter Weinhandel. Gern würzte man den Wein. [...]

Wesentliche Veränderungen in der Ausstattung der Küche haben nicht stattgefunden, lediglich die Zahl der Geräte wird sich vermehrt haben. Das offene Feuer erforderte Töpfe, die entweder auf 3 Füßen oder auf separaten hochbeinigen Untersätzen standen, oder aber mit einer Kette an einem in der Höhe verstellbaren Kesselhaken, dem Hal, aufgehängt wurden. Die hohe Fertigkeit der Zeit im Bronze- und Messingguss ermöglichte nicht nur ein dauerhaftes Kochgerät, sondern allerlei Hausgerät wie Leuchter, Salzfässer, Mörser u.a., dessen Formen uns wenigstens in zeitgenössischen Bildern überliefert sind.

Aus: Kulturgeschichte der Welt. Abendland. Hrsg. von Hermann Boekhoff und Fritz Winzer. Braunschweig: Georg Westermann Verlag 1963, S. 181, S. 184

Die Rüstung

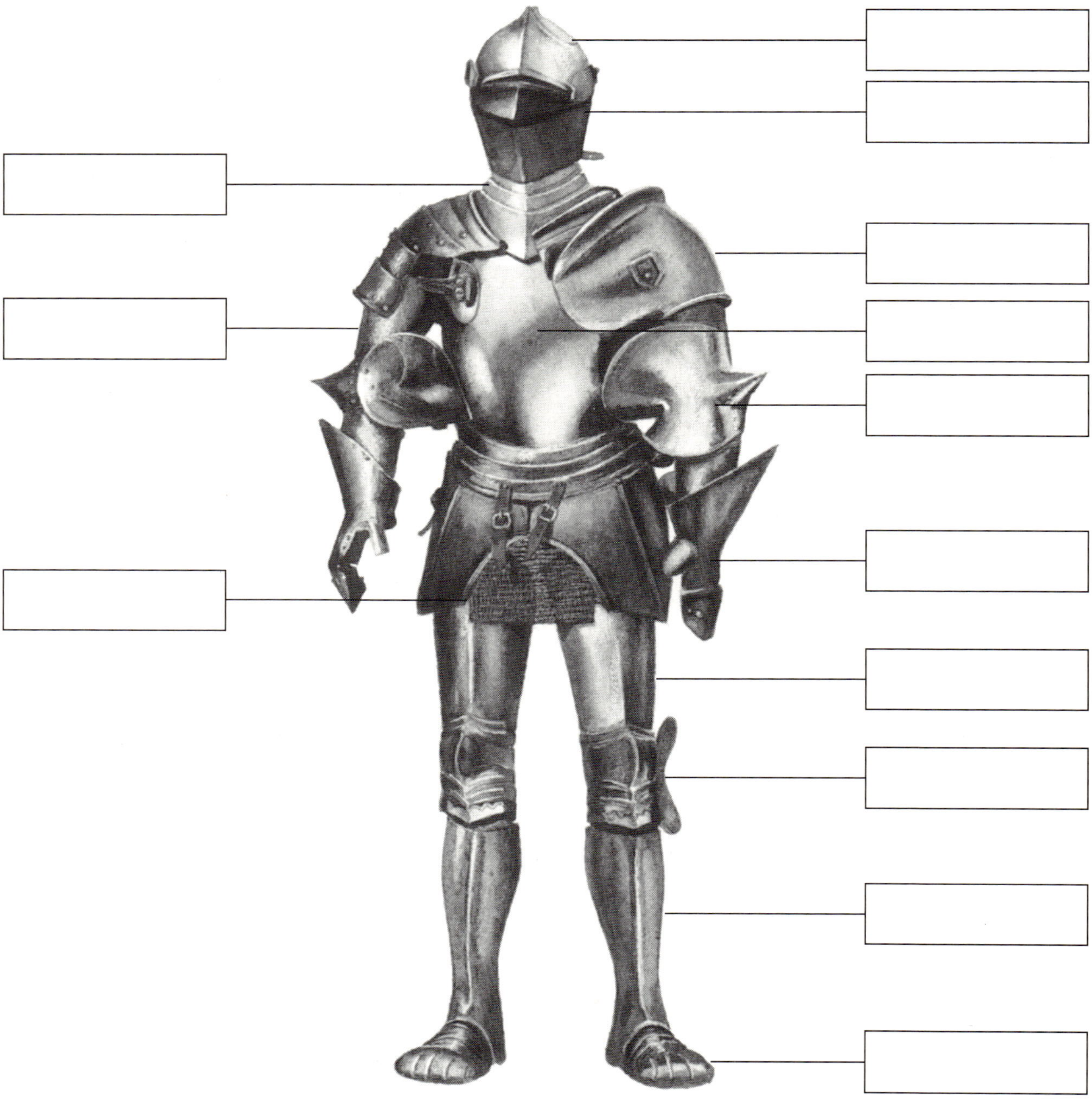

Die ersten Ritter waren durch einen Schuppenpanzer geschützt. Er bestand aus einem festen Lederwams, der mit eisernen Plättchen dachziegelartig bestückt war. Dem Schuppenpanzer folgte das Kettenhemd, über dem ein Waffenrock getragen wurde. Im 14. Jahrhundert wurden die Kettenpanzer kürzer und mit Eisenplatten ergänzt, die Brust, Knie, Hüften und Arme schützten. Um 1420 war die zusätzliche Panzerung über dem Kettenhemd zur Plattenrüstung zusammengewachsen.

- ❒ *Schreibe in die leeren Kästchen jeweils die richtige Bezeichnung für die Teile der Rüstung. Im Einzelnen geht es um: Helm, Visier, Halsberge, Schulterstück, Brustharnisch, Armschiene, Ellbogenkachel, Panzerhandschuh, Beintasche, Schenkelstück, Kniestück, Beinschiene, Schuhe.*
- ❒ *Übertragt die Abbildung in vergrößerter Form auf Pappe. Gelingt es euch, eine Rüstung in Originalgröße darzustellen?*

Werner Bergengruen: Der letzte Rodensteiner

Von jeher haben sich die Leute betrogen, die an das Gerede von den schlimmen Vermögensumständen der letzten Rodensteiner geglaubt haben und sich durch allerhand Schuldverschreibungen, Verpfändungen und Verkäufe täuschen ließen. In Wahrheit ist gerade der letzte Herr von Rodenstein, Georg Friedrich, einer der reichsten Leute im ganzen Odenwalde gewesen. Er selbst aber hat, in Furcht um seine Schätze, die entgegengesetzte Meinung aufgebracht, und so galt der Geizhals für einen armen Mann, während er sich kaum zu lassen wusste vor Geld. Die Burg ließ er verfallen, weil es ihm um jedes Guldenstück leid war, mit dem er Bauleute und Zimmerer hätte löhnen müssen; er kümmerte sich wenig darum, dass er vom Landgrafen als seinem Lehnsherrn oft genug um die Wiederherstellung gemahnt wurde. Die Pferde schaffte er ab, das Gesinde entließ er, einzig einen weißhaarigen Diener behielt er um sich, dessen Handreichung er als ein alter und hinfälliger Mann nicht entbehren konnte. Dieser Herr von Rodenstein ließ in der Walbernacht[1] seinen Bedienten vor sich kommen, hieß ihn Spaten und Hacke nehmen, ergriff ein Windlicht und ging mit ihm in den Hof. Hier musste der Diener mit seinen vor Alter zitternden Händen ein tiefes Loch ausheben, während der Herr dabeistand und ihn mit gierigem Augenflackern zur Eile antrieb. Und dann schleppten sie beide aus geheimen Verstecken, aus Kellern und Wandschränken allerhand Kisten und Kasten mit gemünztem Golde herbei, mit Schmucksachen und Kostbarkeiten, und senkten sie in die Grube. Der Bediente, dessen Kräfte versagten, bat mehr als einmal um Schonung und Aufschub, allein der Herr wollte davon nichts wissen, verhieß ihm reichen Lohn und zwang ihn, das Werk noch in dieser Nacht zu enden. Als der Morgen aufdämmerte, war alles getan und die Stelle im Hof so sorgsam zugedeckt und hergerichtet, dass keines Unkundigen Auge sie hätte erkennen können. Nun nahm der Herr von Rodenstein den Bedienten mit sich in die Oberstube, setzte sich in einen Armstuhl, hieß den Diener, dem schon ganz graulich geworden war, sich ihm gegenübersetzen und sagte:

„Ich weiß, dass die Leute mich einen Geizhals nennen. Leugne nicht, du tust es auch. Du wirst wohl schon die Rede gehört haben, der Geiz rühre daher, dass einer nicht an den Tod glaubt, dass er meint, er werde ewig leben und seiner Schätze ewig froh sein können. Nun, ich will diese Meinung Lügen strafen. Ich weiß, dass ich sterben werde, und zwar bald. Ich glaube an den Tod. An nichts glaube ich als an ihn."

Der Bediente sah seinen Herrn erschrocken an. Der aber zog eine doppelläufige Pistole aus der Lade und erschoss mit dem ersten Schuss den Diener und mit dem zweiten sich selbst. Erst viele Tage später fand man die Leichname in dem verfallenen Herrenhause, und obwohl man sie beide begrub, so ist doch nur einer von den beiden Männern zur Ruhe gekommen; denn der Herr von Rodenstein, der Jahre zuvor auch auf dem Schnellerts allerlei Kostbarkeiten verscharrt hatte, konnte sich nicht lösen von den Orten, an denen seine Schätze eingegraben lagen, von Sorgen und Spähen, Zählen und Rechnen und eifersüchtigem Bewachen und der Furcht, er könne um das Seinige kommen. Und jedes Mal, wenn Kriegsgefahr und feindliche Heere sich nähern, dann flüchtet er alles, was er droben auf dem Schnellerts an Wertvollem hat, nach dem Rodenstein, dessen Gemäuer immer noch besseren Schutz bieten mag als die Trümmer der alten Schnellertsburg, und wacht hier bei seinen vergrabenen Schätzen. Und dann hören ihn die zitternden Umwohner, wie er mit Wagengerassel und Peitschenknallen, mit Pferdegewieher und heiser-ungebärdigem Zuruf in langem Galopp vom Schnellertsberge hernieder und über Brensbach und Fränkisch-Crumbach nach dem Rodenstein führt. Sind aber Kriegsgefahren, Durchmärsche und Einquartierungen vorüber, so kehrt er mit seiner Last auf dem nämlichen Wege wiederum zum Schnellerts zurück.

Aus: Werner Bergengruen: Von Riga nach anderswo oder Stationen eines Lebens. Bücher Reisen Begegnungen. Hg. und mit einleitenden Texten von N. Luise Hackelsberger

[1] Walpurgisnacht = Nacht zum 1. Mai

Karl Simrock: Dr. Johannes Faust (Puppenspiel, Auszug)

ZWEITER AUFZUG
Erster Auftritt
Faust allein; hernach die Geister

FAUST *(tritt ein)*: Sonderbar, die Studenten sind verschwunden und in der ganzen Stadt nicht mehr aufzutreiben. Aber gleichviel, bleibt mir doch das Buch, das sie gebracht haben. Ich bin allein: Nun will ich das Studium der Magie beginnen. Mein Herz schlägt schneller, es sträubt mir die Haare, denn jetzt überschreite ich die Grenzen der Menschheit.
(Er schlägt das Buch auf und liest.) Also muss ich's machen? Nichts leichter als das. Und darüber hab ich mir so lange den Kopf zerbrochen? Nun will ich die Geister beschwören.
(Er löst seinen Gürtel, legt ihn auf den Boden in einen Kreis und tritt hinein. Er murmelt unverständliche Worte und schließt mit) Perlippe.
(Die Geister erscheinen. Faust, sie erblickend) Da sind ihrer ja gleich genug. Aber welchen wähl ich? Ich muss den Grad ihrer Geschwindigkeit erforschen. Du da, mit den weißen Hörnern, gib Antwort. Wie heißt du?
ERSTER GEIST: Vitzliputzli[1].
FAUST: Sag an, wie geschwind du bist.
ERSTER GEIST: Wie die Schnecke im Sande.
FAUST: Ha! Um so schnell zu sein, brauch ich keine Geister. Zurück, wo du hergekommen bist. Apage male spiritus.[2] Der Nächste! Wie heißt du?
ZWEITER GEIST: Polümor[3].
FAUST: Lass hören, wie geschwind du bist.
ZWEITER GEIST: Wie das Laub, das von den Bäumen fällt.
FAUST: So geschwind wär ich zur Not auch noch. Zurück, wo du hergekommen bist. Apage male spiritus.[2] Der Folgende, wie heißt du?
DRITTER GEIST: Asmodi[4].
FAUST: Der kann der Rechte sein. Wie geschwind bist du?
DRITTER GEIST: Wie der Bach, der sich vom Felsen stürzt.
FAUST: So bist du nicht geschwind genug. Zurück! Apage! Der Nächste! Wie heißt du?
VIERTER GEIST: Astarot[5].
FAUST: Wie geschwind bist du?
VIERTER GEIST: Wie der Vogel in der Luft.
FAUST: Das geht wohl an, muss aber noch besser kommen. Apage! Die Reihe ist an dir, Rotkopf. Wie heißest du?
FÜNFTER GEIST: Auerhahn[6].
FAUST: Wie geschwind bist du?
FÜNFTER GEIST: Wie die Kugel aus dem Rohr.
FAUST: Immer besser, tut's aber noch nicht. Apage male spiritus. Wie heißest du denn, Blaufuß?
SECHSTER GEIST: Haribax[7].
FAUST: Wie geschwind bist du?
SECHSTER GEIST: Wie der Wind.
FAUST: Geschwind wie der Wind? Eine schöne Geschwindigkeit; doch mir zu langsam. Nun sind noch zwei übrig. Wie heißest du denn, Kaminfeger?
SIEBENTER GEIST: Megära[8].
FAUST: Wie geschwind bist du?
SIEBENTER GEIST: Wie die Pest.
FAUST: So ist die Pest geschwinder als der Wind? Aber der Nächste muss ihm noch drüber sein. Wie heißt du denn, dieser Geister letzter?
MEPHISTOPHELES: Mephistopheles[9].
FAUST: Wie geschwind bist du?
MEPHISTOPHELES: Wie der Gedanke des Menschen.
FAUST: Du bist mein Mann. Wie der Gedanke des Menschen! Was kann ich mehr verlangen, als dass meine Gedanken erfüllt werden, sobald ich sie denke? Weiter bringt es Gott selbst nicht. Eritis sicut deus.[10] – Willst du mir dienen?
MEPHISTOPHELES: Wenn es Pluto[11] erlaubt.
FAUST: Wer ist Pluto?
MEPHISTOPHELES: Mein Herr.
FAUST: So frag ihn, ob du mir achtundvierzig Jahre dienen darfst. Hernach will ich dir dienen. Aber kehr wieder in menschlicher Gestalt. Und sage deinem Herrn, dass ich den Genuss aller Herrlichkeiten der Welt, Schönheit, Ruhm und vor allem wahrhafte Beantwortung aller meiner Fragen verlange.
MEPHISTOPHELES: Ich bin gleich wieder hier.
(Verschwindet und kommt sogleich wieder in menschlicher Gestalt.)

---

1 Hüpffuß
2 „Pack dich, böser Geist!"
3 Teufel der Gefallsucht
4 Dämon der Wollust
5 Teufel der Unzucht
6 Teufel des Ehebruchs
7 der Schrecken Erregende
8 die Zürnende
9 (hebräisch) der zerstörende Lügner
10 „Ihr werdet sein wie Gott" (I. Moses 3,5)
11 griechischer Gott der Unterwelt

Deine Bedingungen sind dir gewährt; aber vierundzwanzig Jahre sind die längste Frist, auf die ich mich dir verdingen[1] darf.

Faust: Vierundzwanzig Jahr, das ist mancher Tag und manche schöne Nacht. Gut denn, ich willige in diese Bedingung.

Mephistopheles: So gebt mir ein Briefchen – Lebens und Sterbens wegen.

Faust: Musst du's schwarz auf weiß haben, so schaff Tinte herbei, denn in meinem Fass ist sie längst vertrocknet.

Mephistopheles: Schwarz auf weiß nicht, aber rot auf weiß. Es bedarf nur Eurer Unterschrift, der Pakt ist schon geschrieben. Die Unterschrift bitt ich mir mit Eurem Blut aus. Hier ist eine Nadel, damit ritzt Euch den Finger.

Faust: Erst will ich den Pakt lesen. *(Nimmt und liest)*

„Ich schwöre Gott und dem christlichen Glauben ab. Nach vierundzwanzig Jahren, das Jahr zu dreihundertfünfundsechzig Tagen gerechnet, will ich dein sein mit Leib und Seele.

Ich gelobe, mich in all der Zeit nicht zu waschen noch zu kämmen, auch Haar und Nägel nicht zu verschneiden. Ich will den Ehestand meiden."

Sonderbar, die letzten Bedingungen kommen mir am härtesten vor, und doch sind die ersten ohne Zweifel viel schlimmer. Doch was hilft das Grübeln? Ich nehme sie alle miteinander an.

Mephistopheles: So unterschreibt. Hier ist die Feder. *(Reicht ihm die Hahnenfeder von seinem Hute.)*

Faust *(für sich)*: Soll ich mit meinem Blut die Seele dir verschreiben –
Die ist wohl ein Moment, das Blut hervorzutreiben.
Da quillt es schon heraus und überströmt die Hand,
Buchstaben bildet's zwei, gleich hab ich es erkannt:
Ein großes H, ein F, die sollen mich wohl warnen?
Homo Fuge! – flieh, Mensch, und lass dich nicht umgarnen.
Doch F kann Faustus sein, H Herrlichkeit versprechen.
Vielleicht ist's Zufall nur: Wozu den Kopf zerbrechen?
Und schon ist es zu spät, geschrieben steht es klar –
Doch halt ich es noch fest: Mir wird so sonderbar.
Ein ängstliches Gefühl durchrieselt mir die Glieder,
Ich weiß nicht von mir selbst; ohnmächtig sink ich nieder.

Stimme des Schutzgeistes *(Sopran)*: Betörtes Menschenkind, einst rein und sonder Fehle,
Verloren ewiglich geht deine arme Seele.
Geschaffen, Gott zu schaun und aller Himmel Lust,
Sinkst du dem Abgrund zu: Beklaget den Verlust.

Mephistopheles: Haha, endlich habe ich den großen Mann. Endlich ging Faust ins Netz. Mir allein gelang es! Pluto wird zufrieden sein und ich höre schon das Jauchzen der Hölle aus der Tiefe. *(Mephistopheles ab, Faust erwacht.)*

Faust: Wie? Find ich mich allein? Hab ich wohl gar geschlafen? Nun fühl ich mich gestärkt und scheue keine Strafen. Wo bist du, mein Gesell? Warum verlässt du mich? Ist das dein treuer Dienst?

Mephistopheles *(erscheint wieder)*: Du schliefst, da ließ ich dich. Sobald du an mich denkst, bin ich auch wieder da, wie dein Gedanke schnell, du wähltest drum mich ja.

Faust: So nimm hier diese Schrift, Mephistopheles. Heißt du nicht so?

Mephistopheles: Auf Erden nennt man mich so.

Faust: So höre, Mephistopheles. Du bist mir nun in menschlicher Gestalt erschienen, aber das rote Unterkleid unter dem Mantel kleidet dich schlecht und verrät den Untertan unheimlicher Mächte. In solcher Gestalt kann ich dich unter Menschen nicht produzieren[2].

Mephistopheles: Darum sorgt Euch nicht. Nur für Euch erscheine ich in dieser Gestalt; in den Augen aller andern Menschen seh ich immer so aus, wie Ihr es gerade wünscht. So sollt auch Ihr in aller Menschen Augen der schönste Mann sein, wenn Ihr Euch gleich, wie Ihr versprochen habt, weder kämmt noch wascht.

Faust: Schon gut. Aber wohin nun? Hier in Mainz halt ich's nicht aus.

Mephistopheles: Mein Luftmantel soll uns alsbald an den Hof des Herzogs von Parma tragen, der eben Hochzeit hält. Da mögt Ihr in allen Freuden schwelgen und mit Zauberkünsten Ruhm und Ehre gewinnen. Nehmen wir auch Euer Gesinde mit?

Faust: Den Wagner lasst daheim, der ist langweilig.

Mephistopheles: Aber Kasperle?

Faust: Den bringt nach, aber auf einem andern Gefährt. Ich hab Euch unterwegs noch dies und das zu fragen, wovon er nichts zu wissen braucht.

Mephistopheles: So lasst uns fort. In wenig Minuten sind wir in Parma. *(Beide ab)*

Zweiter Auftritt

Kasperle allein, hernach die Geister

Kasperle: *(tritt ein und stolpert über die Schwelle)* Pardauz! Nun weiß ich auch, wie lang dies Zimmer ist. Unglück über Unglück begegnet mir hier im Hause. Das ist kein guter Anfang. Se. Ma-

---
1 verpflichten
2 hier: vorzeigen

genessenz[1], mein Herr, hat mir befohlen, ich soll die Sachen vom Staub abblasen. Na, da blas ich also, aber schau – du liebe Güte, was hier für Bücher sind! Da liegt gleich eins auf dem Tisch. Ich will doch mal reinschauen. *(Tritt näher und blättert in dem Buch)* Das ist gewiss ein Brevier[2], wo der Herr draus betet. *(Liest)* K – k – katz – pu – del, oder wie das heißen mag. Das ist doch kurios[3], wenn eins lesen will und kann nit buchstabieren. Ich hätt's gewiss gelernt, aber meine Großmutter starb so früh, denn wie sie starb, da war ich noch ein Kind von zwanzig Jahren. Ich muss aber doch sehen, ob ich's nit herausbring. Katz-Pudel heißt es nit, das seh ich schon. Erstes Kapitel, Ah, das heißt Schnapitel, erstes Schnapitel. Nun kommen wir an die Sach. *(Liest)* „Wenn – man – will – die – Geister – kommen – lassen – so sagt man – Perlippe."

(Eine Menge Geister erscheint.)

Ihr Rattenschwänz, seid ihr Geister? Was wollt ihr?

Geister: Dir dienen.

Kasperle: Mich bedienen? Was habt ihr denn Gutes gekocht?

Geister: Eisen und Stahl, Pech und Schwefel.

Kasperle: Da mag der Teufel mit euch essen *(liest weiter)*. „Wenn – man will – dass die Geister – verschwinden – so sagt man: Perlappe." *(Die Geister verschwinden.)* Richtig, alle Rattenschwänz' sind fort. Da kann man leicht ein Teufelsbanner werden.

Perlippe *(die Geister erscheinen)*.

Perlappe *(die Geister verschwinden)*.

Das geht ja wie geschmiert. Perlippe *(die Geister erscheinen)*. Jetzt bin ich schon ein ganzer Hexenmeister. Sind doch wunderliche Geschöpfe! Was unser Herrgott nit alles für Zeug gemacht hat! Muss doch hören, was sie treiben. Rattenschwanz, wie heißt du?

Dritter Geist: Asmodi.

Kasperle: Allamodi?[4] Wie alt ist Er denn?

Dritter Geist: Dreitausend Jahr.

Kasperle: Dann ist Er ja schon bald wieder aus der Modi. Was hat Er denn zu schaffen?

Dritter Geist: Ich kann nichts schaffen, kann nur zunichte machen, was ein anderer geschaffen hat.

Kasperle: Kann Er das? Nun, das ist schon was; aber ich glaub's halt nit. Da hab ich einen Leuchtturm[5] am großen Zehen, den mach Er einmal zunichte.

Dritter Geist: Wenn du mir deine Seele verschreibst.

Kasperle: Ah, ist Er so ein Held? Er tut auch nichts umsonst, merk ich. Aber ein dummer Teufel ist Er doch, sonst wüsst er, dass ich nicht schreiben kann. – Aber den langweiligen alten Gesellen bin ich satt. Da ist ein handhohes freundliches Teufelchen, das will ich einmal fragen. Wie heißt du, alter Bursch?

Sechster Geist: Haribax.

Kasperle: Wie alt ist Er denn?

Sechster Geist: Achthundertneunundachtzig Jahr.

Kasperle: Ei, noch so jung und hat schon Haar ums Kinn? Na, aus Ihm kann mit der Zeit noch ein tüchtiger Kerl werden, wenn Er es nur mutig anpackt. Aber Er muss nit zu lang schlafen und das Schnapstrinken lassen. Der tut nit gut für's Wachstum. Ich hab's an meiner Mutter ihrem Mops gesehen. Kerls, ihr stinkt aber pestialisch. Macht, dass ihr fortkommt. Perlappe. *(Die Geister verschwinden.)* Aber so wohlfeil sollen sie doch nit davonkommen.

Perlippe. *(Die Geister erscheinen.)*

Perlappe. *(Die Geister verschwinden.)*

Perlippe, Perlappe, Perlippe, Perlappe, Perlippe, Perlappe, Perlippe. *(Er wechselt mit den Worten so geschwind, bis er endlich außer Atem kommt und mit „Perlippe" schließt. Die Teufel, die er hin und her gehetzt hat, rächen sich an ihm, indem sie ihm eine Rakete an die Zipfelmütze hängen.)*

Ich hab's ihnen gut eingetränkt. Aber wer andere jagt, wird selbst zuletzt müde. *(Er lehnt sich zurück. Ein Teufel schleicht sich mit einer brennenden Lunte heran und steckt die Rakete in Brand. Explosion. Kasper fällt schreiend zur Erde, wo er liegen bleibt und sich noch tot stellt, als das Feuerwerk schon längst zu Ende ist. Auerhahn rüttelt ihn auf.)*

Auerhahn: Steh Er auf, Kasperle, steh Er auf. Sein Herr ist fort nach Parma. Will Er nicht auch dahin?

Kasperle: Nach Parma, was soll ich in Parma machen?

Auerhahn: Er soll zu Seinem Herrn. Wo der Herr ist, da gehört auch der Knecht hin. Er weiß wohl gar nicht, dass Sein Herr des Teufels ist?

Kasperle: Ist er des Teufels? Das wär des Teufels!

Auerhahn: Ich will Ihn auch dahin bringen, wenn's ihm Recht ist.

Kasperle: Wohin will Er mich bringen? Zum Teufel? Da bin ich schon. Ist Er nit selbst der Teufel? Wenn ich's nit schon wüsst, so könnt ich's riechen, so 'ne feine Nase hab ich.

Auerhahn: Nicht zum Teufel, nach Parma will ich Ihn bringen, wo Sein Herr auch ist und in tau-

[1] scherzhaft für: Magnifizenz, Ehrentitel für Professoren
[2] Gebetbuch für Priester
[3] merkwürdig
[4] à la mode, zeitnah
[5] Hühnerauge

send Freuden lebt. Er hat vierundzwanzig Jahre Frist, so lange müssen ihm die Geister dienen. Sein Herr hat mir befohlen, Ihn nachzubringen.

KASPERLE: Na, meinetwegen, bring Er mich hin, wenn's nit zu lang dauert.

AUERHAHN: Es geht so geschwind wie die Kugel aus dem Rohr.

KASPERLE: So lass anspannen.

Auerhahn: Ist schon besorgt. *(Ein feuriger Drache erscheint.)* Steig Er nur auf.

KASPERLE: Na, ich sag's doch. Wer alt ist, der lebt lang. Auf dem höllischen Sperling soll ich nach Parma reiten?

AUERHAHN: Ja, das soll Er; wenn Er mir erst Leib und Seele verschreibt.

KASPERLE: Auch noch Fuhrlohn? Ich denk, mein Herr hat Ihm befohlen, mich nachzubringen?

AUERHAHN *(zupft sich bei der Nase)*: Hm!

KASPERLE: Ohnedies schneidet Er sich. Es ist rein unmöglich.

AUERHAHN: Warum soll's unmöglich sein?

KASPERLE: Ja, sieht Er, den Leib brauch ich selbst, ohne den kann ich nit mitfahren. Und was die Seel betrifft, eine Seel hat der Kasperle nit. Ihr dummen Teufel, dass ihr das nit gemerkt habt. Als ich zur Welt gekommen bin, waren just keine Seelen mehr vorrätig.

AUERHAHN: Nun, so steig Er nur auf. Es wird sich wohl finden. Aber noch eins. Kann Er auch schweigen?

KASPERLE: Ich schweig halt immer, wenn ich nix zu sagen hab.

AUERHAHN: Sein Herr braucht einen verschwiegenen Knecht. Also, dann steig Er auf. Aber unterwegs darf er nicht sprechen, damit ich sehe, ob Er auch schweigen kann.

KASPERLE: Das wird sich finden *(steigt auf den Drachen. Auerhahn setzt sich hinter ihn. Der Drache fliegt auf.)*

Aus: Karl Simrock: Dr. Johannes Faust. Ein Puppenspiel in vier Aufzügen. Bearbeitet von U. Lehmann. Hamburg: Hamburger Lesehefte Verlag, o. J., S. 11–17

Bastelanleitung für kleine und große Stabpuppen

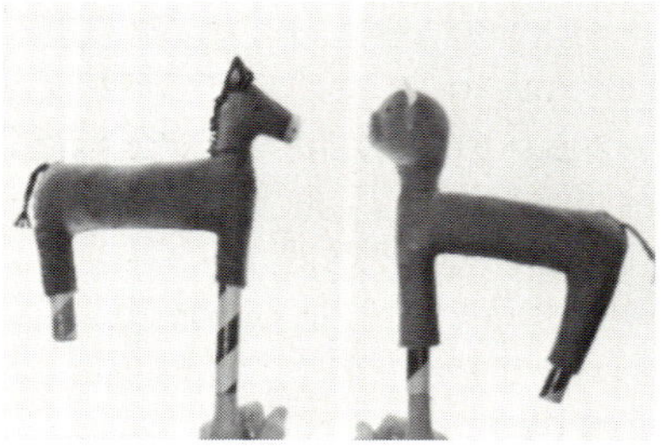

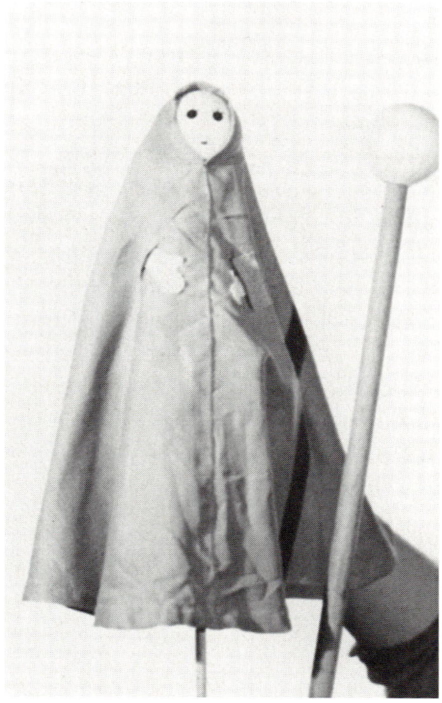

Vielleicht habt Ihr Lust, die Szenen aus dem Puppenspiel des Doktor Faust nachzuspielen. Dafür benötigt ihr natürlich geeignete Puppen. Fragt eure Kunstlehrerin oder euren Kunstlehrer, ob es möglich ist, diese im Unterricht anzufertigen. Vielleicht habt ihr bereits Marionetten oder Stabpuppen gebaut, die ihr verwenden könnt. Wenn das nicht der Fall ist, könnt ihr in kleinen Gruppen auch zu Hause Figuren für ein Theater herstellen. Diese Anleitung hilft euch dabei.

Kleine Stabpuppen sind sehr einfach herzustellen und zu benutzen. Der Puppenspieler arbeitet dabei nicht mit den Händen, sondern begnügt sich damit, den Stab an seinem unteren Ende zu führen.

Die Köpfe sind eher klein, und zwar aus Tischtennisbällen, Papier- oder Holzkugeln. Es genügt, die Kugel auf der Spitze eines Stabes (ca. 30 cm) zu befestigen. Die Abbildungen zeigen solche Stabfiguren. Ein Stück Stoff wird auf den Kopf geklebt oder fest an den Hals genäht, sodass der Stab verdeckt ist. Die Hände oder Arme können direkt auf den Stoff genäht oder gestickt werden. Eine Tierfigur wird wie in der Abbildung aus zwei im Profil gleichen Stücken aus Filz hergestellt, die an den Rändern vernäht werden. Der Körper wird dann mit Watte, Woll- oder Stoffabfällen ausgestopft. Dann werden zwei Stäbe in das Innere der Pfoten geschoben.

Mit etwas mehr Aufwand kannst du auch größere Stabpuppen herstellen. In Frankreich werden sie Marotten genannt. Es sind große Puppen (ca. 60-80 cm), deren Kopf ebenfalls auf einem Stab angebracht ist. Den Kopf kannst du als fertige Styroporkugel im Bastelgeschäft kaufen oder, was etwas aufwändiger ist, aus Pappmaschee selbst formen. Die Kugel musst du natürlich mit einem ausdrucksstarken Gesicht und Haaren oder einer Kopfbedeckung ausstatten.

Beim Spiel hält eine Hand den Stab, während die andere von hinten durch eine Öffnung in der Kleidung geführt wird (s. Abbildung). Gut ist es, wenn die sichtbare Hand des Spielers oder der Spielerin einen Handschuh trägt. Die zweite Hand der Figur wird auf das Kostüm, welches unterhalb des Kopfes festgebunden oder geheftet wird, genäht. Tierfiguren kannst du wie zuvor herstellen; natürlich muss der Tierkörper der Größe der anderen Figuren angepasst werden. Geführt werden die Tiere über zwei Stäbe.

Nach: Ann Rocard: Puppentheater. Von der Fingerpuppe bis zur Marionette. Freiburg: Christophorus Verlag 1980, S. 21 und 24

Eine Szene bearbeiten und spielen

Natürlich reicht es nicht aus, Figuren zu basteln, um eine Szene wirkungsvoll aufzuführen. Wichtig ist auch der Text und das, was ihr in der Vorbereitung und beim Spiel daraus macht. Regisseure, die große Theaterstücke auf die Bühne bringen wollen, legen zuvor ein Regiebuch an, in dem der Text, aber auch die konkreten Sprech- und Spielanweisungen enthalten sind. Die Regieanweisungen, die in der Vorlage stehen, reichen oft nicht aus.

Möglich ist es auch, den Originaltext zu kürzen, zu erweitern oder entsprechend den Erwartungen des Publikums zu verändern.

Wenn ihr „Das Puppenspiel vom Doktor Faust" einmal auf einer professionellen Bühne seht, werdet ihr feststellen, dass vieles vom Originaltext abweicht. Vor allem die Rolle des Hanswurst („Kasperle") bietet zahlreiche Gestaltungsmöglichkeiten. Er kann zum Beispiel das Publikum ansprechen, mit ihm spielen, besonders lustige Szenen ausdehnen, indem er zum Beispiel die Geister mit dem Zauberspruch immer wieder herbeiruft und wegschickt, bis sie schwindelig sind, und vieles mehr.

So sollt ihr mit den zuvor abgedruckten Szenen verfahren. Natürlich könnt ihr auch die Wortwahl ändern, wenn sie euch zu fremd erscheint.

Folgendes Verfahren ist sinnvoll. Übertragt die nachfolgend abgedruckte Tabelle in euer Heft (DIN A 4) und erarbeitet in Gruppen ein so genanntes Regiebuch (Rolle, Text und Spiel- und Sprechanweisung).

Verteilt anschließend die Rollen und versucht den Text entsprechend ausdrucksstark vorzutragen und später mit den Puppen zu spielen. Als einfache Bühne kann euch dabei ein Tisch dienen.

Vielleicht habt ihr ja auch Lust, weitere Szenen hinzuzuerfinden oder den ganzen Text kennen zu lernen. Euer Lehrer oder eure Lehrerin kann sicher dabei behilflich sein.

Das Puppenspiel vom Doktor Faust – Ein Regiebuch

Rolle	Text	Sprech- und Spielanweisung
Faust:	Komisch, die Studenten sind verschwunden und nirgendwo in der Stadt mehr aufzutreiben ...	spricht verwundert, in sich gekehrt, geht im Raum umher ...

usw.

UNTERRICHTSMODELLE

EINFACH DEUTSCH

NEU

Unterrichtsmodelle Jahrgangsstufen 5 – 7

AVI: Salz im Haar
Von Jutta Bartels.
74 Seiten, einige Abb., DIN A4, geh., Best.-Nr. 22347 X

Wolfgang Kuhn: Mit Jeans in die Steinzeit
Von Franz Waldherr.
61 Seiten, DIN A4, kart., Best.-Nr. 22267 8

Antoine de Saint-Exupéry: Der kleine Prinz
Von Andrea Zimmermann.
50 Seiten, zahlr. Abb., DIN A4, geh., Best.-Nr. 22295 3

Unterrichtsmodelle Jahrgangsstufen 8 – 10

Alfred Andersch: Fahrerflucht
Von Gerd Weber.
64 Seiten, DIN A4, kart., Best.-Nr. 22345 3

Annette von Droste-Hülshoff: Die Judenbuche
Von Johannes Diekhans und Doris Hönes.
81 Seiten, DIN A4, kart., Best.-Nr. 22270 8

Max Frisch: Andorra
Von Udo Volkmann und Ute Volkmann.
88 Seiten, DIN A4, kart., Best.-Nr. 22329 1

Myron Levoy: Der gelbe Vogel
Von Sandra Graunke.
74 Seiten, DIN A4, kart., Best.-Nr. 22274 0

Friedrich Schiller: Wilhelm Tell
Von Günter Schumacher und Klaus Vorrath.
90 Seiten, DIN A4, kart., Best.-Nr. 22301 1

Theodor Storm: Der Schimmelreiter
Von Widar Lehnemann.
74 Seiten, einige Abb., DIN A4, kart., Best.-Nr. 22293 7

Carl Zuckmayer: Der Hauptmann von Köpenick
Von Helge Puschnerus.
94 Seiten, einige Abb., DIN A4, kart., Best.-Nr. 22304 6

Unterrichtsmodelle Jahrgangsstufen 11 – 13

Bertolt Brecht: Leben des Galilei
Von Sandra Graunke.
112 Seiten, einige Abb., DIN A4, kart., Best.-Nr. 22286 4

Georg Büchner. Woyzeck
Von Norbert Schläbitz.
116 Seiten, einige Abb., DIN A4, kart. Best.-Nr. 22313 5

Theodor Fontane: Irrungen, Wirrungen
Von Michael Fuchs.
67 Seiten, DIN A4, geh., Best.-Nr. 22275 9

Max Frisch: Homo faber
Von Almut Peren-Eckert und Bettina Greese.
87 Seiten, zahlr. Abb., DIN A4, geh., Best.-Nr. 22315 1

Johann Wolfgang von Goethe: Faust I
Von Franz Waldherr.
143 Seiten, einige Abb., DIN A4, kart., Best.-Nr. 22277 5

Franz Kafka: Die Verwandlung
Von Elisabeth Becker.
66 Seiten, einige Abb., DIN A4, geh., Best.-Nr. 22289 9

Friedrich Schiller: Die Räuber und andere Räubergeschichten
Von Barbara Schubert-Felmy.
57 Seiten, DIN A4, kart., Best.-Nr. 22283 X

Bernhard Schlink: Der Vorleser
Von Bettina Greese und Almut Peren-Eckert
144 Seiten, einige Abb., DIN A4, kart., Best.-Nr. 22350 X

Martin Walser: Ein fliehendes Pferd
Von Achim Sigge.
57 Seiten, DIN A4, geh., Best.-Nr. 22282 1

Verlag Ferdinand Schöningh
Postfach 2540 · 33055 Paderborn
E-Mail: info@schoeningh.de
Internet: http://www.schoeningh.de

Schöningh

Informationen zum Nulltarif
✆ 08 00 / 1 81 87 87